인터넷

(Internet Explorer 11) 기초

 이 책의 구성

학습 포인트

이번에 학습할 핵심 요소를 살펴봅니다.

학습 목표

무엇을 학습할지 알고 시작합니다.

미리보기

학습 결과물을 미리 살펴봅니다.

학습 다지기

실습 전에 학습할 내용을 간단히 살펴봅니다.

실력 다듬기

활용 예제를 통해 따라하기 방식으로
학습 내용을 익힙니다.

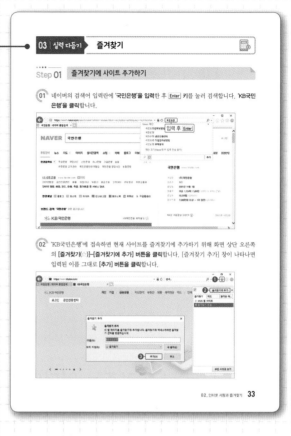

실력 다지기

응용 예제를 통해 학습 내용을 정리하고
복습합니다.

인터넷과 친해지기

학습 포인트

- 네트워크와 인터넷 개념
- 웹 브라우저 종류
- 인터넷 주소
- 메뉴 보이기/숨기기
- 인터넷 익스플로러 종료
- 화면 확대/축소

인터넷이란 무엇인지 공부하고, 인터넷에 접속할 수 있는 웹 브라우저에 대해서 알아보겠습니다. 웹 브라우저 중 하나인 인터넷 익스플로러를 실행하고 종료하는 방법에 대해서 알아보겠습니다.

미리보기

Step 01 네트워크(Network)

초기에 컴퓨터는 크고 무거우며 전기 사용량도 많아서 수명은 짧고 오래 쓸 수 없었습니다. 그러나 현대의 컴퓨터는 나날이 발전하여 스마트폰과 같이 들고 다닐 수 있을 정도로 작아지고 간편해졌습니다. 컴퓨터는 아무리 복잡한 계산도 빠르고 정확하게 처리할 수 있으며 수많은 정보를 저장할 수 있습니다. 이러한 여러 컴퓨터를 연결하여 서로 정보를 주고받을 수 있게 한 연결망을 '네트워크(Network)'라고 합니다.

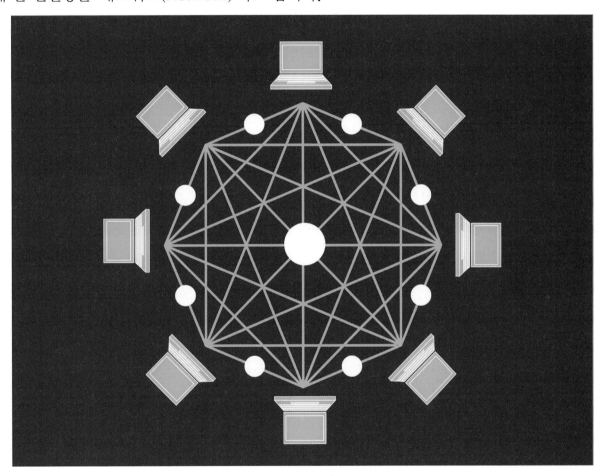

Step 02 인터넷(Internet)

인터넷(Internet)은 '사이', '상호간의'라는 뜻을 가진 단어인 'inter'와 '그물', '통신망'을 뜻하는 'net'이라는 단어가 결합되어서 '네트워크들을 연결해 주는 기술'을 뜻합니다. 전 세계적으로 네트워크를 서로 연결해 주는 인터넷이 있어서 사람들은 서로 정보를 주고받고 지구 반대편에 있는 사람들과 대화를 나눌 수 있게 된 것입니다.

웹(Web)

웹은 인터넷 상에서 정보 검색 서비스 기능으로 보통 WWW(World Wide Web)로 불립니다. 웹은 기본적으로 HTML(Hypertext Markup Language) 언어로 제작됩니다. 하이퍼텍스트(Hypertext)를 작성하기 위해 개발된 웹 문서는 텍스트, 이미지, 오디오, 비디오 등 멀티미디어 콘텐츠를 포함하고 있습니다. 하이퍼텍스트 방식이란 마우스 포인터가 손가락 모양으로 바뀔 때 클릭하면 다른 페이지로 이동할 수 있도록 여러 페이지를 연결한 방식입니다.

이렇듯 HTML로 쓰인 웹을 우리가 쉽게 읽고 볼 수 있도록 도와주는 프로그램을 '웹 브라우저(Web Browser)라고 하는데, 대표적으로 인터넷 익스플로러, 크롬, 마이크로소프트 엣지 등이 있습니다. 웹 서비스를 제공하는 기관이나 장소를 '웹 사이트(Web Site)'라고 하고, 각각의 웹 사이트를 들어가는 초기 화면을 '홈페이지(Homepage)'라고 합니다.

웹 브라우저(Web Browser)

• 인터넷 익스플로러(Internet Explorer) : 인터넷 익스플로러는 마이크로소프트에서 개발한 웹 브라우저로, 월드 와이드 웹(WWW)에서 정보를 열람할 수 있게 해주는 검색용 프로그램입니다. 인터넷 익스플로러는 다른 웹 브라우저 및 체제와의 호환성이 낮고 액티브엑스(ActiveX)가 무리하게 많이 사용되는 등의 문제점이 있으나 우리나라에서는 여전히 인터넷 익스플로러를 많이 사용하고 있습니다.

 ▷

- 크롬(Google Chrome) : 구글에서 만든 웹 브라우저로 인터넷 익스플로러보다 늦게 만들어졌지만 다른 웹 브라우저에 비해 나은 안전성과 빠른 속도, 높은 보안성을 가지고 있어서 지금은 전 세계에서 가장 많이 사용하는 웹 브라우저입니다.

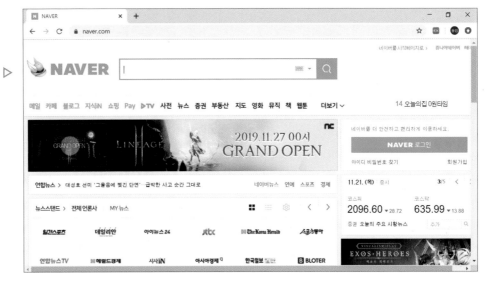

- 마이크로소프트 엣지(Microsoft Edge) : 마이크로소프트에서 인터넷 익스플로러의 후속으로 개발한 웹 브라우저로 윈도우10의 기본 웹 브라우저입니다. 윈도우10과 스마트폰 및 태블릿용 모바일 등 다양한 윈도우10 기기에서 사용할 수 있습니다. 현재 엣지는 윈도우10 이하의 버전의 윈도우에서는 사용할 수 없으며 마이크로소프트에서는 윈도우10에 웹 환경과 호환성, 사용자 편의를 위해 엣지와 인터넷 익스플로러를 모두 탑재하고 있습니다.

① **뒤로/앞으로** : 이전에 방문한 웹 페이지로 이동하거나 다음 페이지로 이동할 때 사용합니다.

② **주소 표시줄** : 현재 접속한 사이트의 주소가 표시되며, 직접 주소를 입력하고 Enter 키를 눌러 원하는 사이트로 이동합니다.

③ **검색** : 검색어를 입력한 후 Enter 키를 누르면 검색 결과가 표시됩니다.

④ **페이지 탭** : 각 페이지의 제목이 표시되어 있으며, 열려 있는 여러 사이트를 전환할 수 있습니다.

⑤ **새 탭** : 새 탭 페이지가 나타나며 페이지가 새 탭으로 설정된 페이지로 연결됩니다.

⑥ **홈** : 인터넷 익스플로러가 실행될 때 나타나는 첫 페이지로 이동합니다.

⑦ **즐겨찾기** : 자주 사용하는 웹 사이트를 등록하거나 이동할 때 사용합니다.

⑧ **도구** : 인터넷 익스플로러의 기능을 설정하기 위한 명령을 모아둔 장소입니다.

⑨ **스크롤바** : 웹 페이지를 위/아래로 이동할 때 사용합니다.

집집마다 집주소가 다르듯이 인터넷으로 연결된 컴퓨터도 서로 구분하기 위해 각 컴퓨터에 서로 다른 인터넷 주소를 부여합니다. 인터넷 주소에는 숫자로 이루어진 IP 주소와 문자로 된 도메인 이름으로 구분되어 있습니다.

- IP 주소 : 네트워크에 접속 시 컴퓨터 사이에 통신하기 위해 각 컴퓨터에 부여된 네트워크에 발급된 주소를 의미합니다.

▲ 자신의 IP 주소를 찾기 위해서 포털 사이트에서 'IP 주소'를 검색하면 알 수 있습니다.

- 도메인 이름(Domain Name) 주소 : 숫자로 된 IP 주소를 사람이 이해하기 쉽게 문자 형태로 표현한 것입니다.

▶ 기관종류

분류	도메인	분류	도메인
학교	ac, edu	비영리 단체 및 기구	or, org
회사(영리 단체)	co, com	연구소	re
정부 기관	go, gov	네트워크 관련 기관	ne, net

▶ 국가코드

국가	도메인	국가	도메인
한국	kr	미국	us
일본	jp	홍콩	hk
프랑스	fr	중국	cn

●●●●
Step 01 인터넷 익스플로러 시작하기

01 [시작(⊞)] 버튼을 클릭한 후 'ie'를 입력하면 'Internet Explorer'가 검색됩니다. 'Internet Explorer'의 목록에서 ⊙를 클릭하여 목록을 펼칩니다.

02 펼쳐진 목록에서 [파일 위치 열기]를 클릭합니다.

잠깐만요

바로 가기 아이콘 작업 표시줄에 고정하기

[시작(⊞)] 버튼을 클릭하여 'ie'를 입력하면 'Internet Explorer'가 검색됩니다. 'Internet Explorer'의 목록에서 ⊙를 클릭한 후 [작업 표시줄에 고정]을 클릭합니다. 그러면 작업 표시줄에 인터넷 익스플로러 바로 가기 아이콘이 고정됩니다.

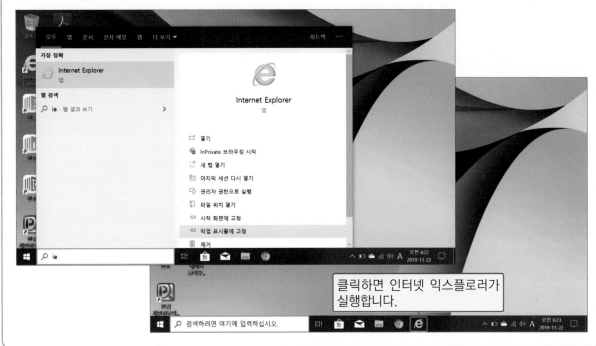

03 'Internet Explorer' 파일이 있는 폴더를 열리면 'Internet Explorer' 아이콘에 **마우스 오른쪽 버튼을 클릭**한 후 **[보내기]에서 [바탕 화면에 바로 가기 만들기]를 클릭**합니다.

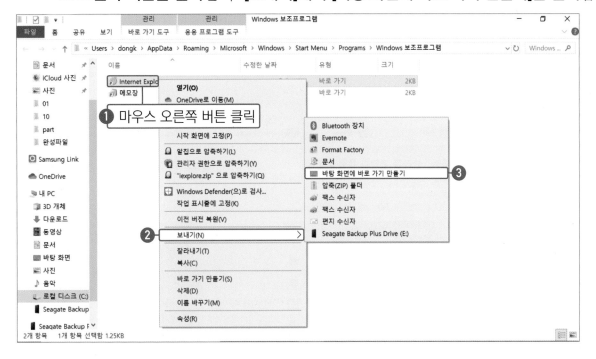

04 바탕 화면에 인터넷 익스플로러 바로 가기 아이콘이 만들어졌습니다. **인터넷 익스플로러 바로 가기 아이콘을 더블 클릭**합니다.

인터넷 익스플로러 실행하기

01 인터넷 익스플로러를 실행됩니다. 처음 실행하면 MSN 페이지에 연결됩니다.

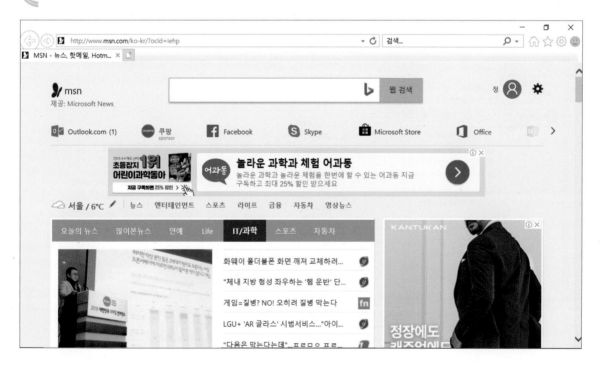

02 주소 표시줄에 인터넷 주소를 'www.naver.com'로 **입력**한 후, [Enter] **키**를 누릅니다. 입력한 인터넷 주소인 '네이버'로 이동됩니다.

인터넷 익스플로러 종료하기

01 인터넷 익스플로러 상단의 **마우스 오른쪽 버튼을 클릭**하여 **[메뉴 모음]을 클릭**합니다.

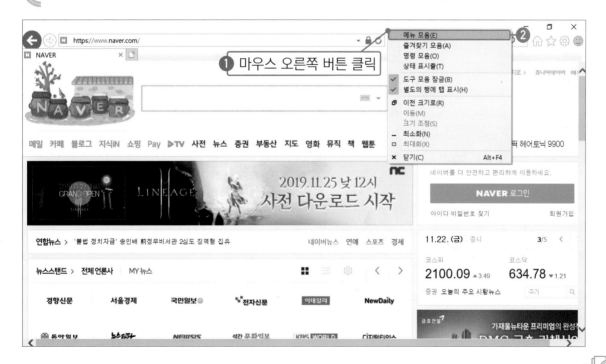

꿀팁 [메뉴 모음]이 설정 해제되어 있는 상태에서 [Alt] 키를 누르면 없어졌던 [메뉴 모음]이 나타납니다. 이후 [메뉴 모음] 창을 이용하지 않고 다른 작업을 한다면 [메뉴 모음] 창은 다시 사라집니다.

02 [파일] 메뉴를 선택한 후 [끝내기]를 클릭하여 인터넷 익스플로러를 종료합니다.

> **탭이 여러 개 있을 경우**
>
> 탭이 여러 개 있을 때 [파일] 메뉴에서 [끝내기]를 클릭하거나 창 오른쪽 상단의 ☒(닫기)를 클릭하면 모든 탭을 닫을지 현재 탭을 닫을지 묻는 창이 나타납니다. [모든 탭 닫기] 버튼을 클릭하면 인터넷 익스플로러가 종료됩니다.

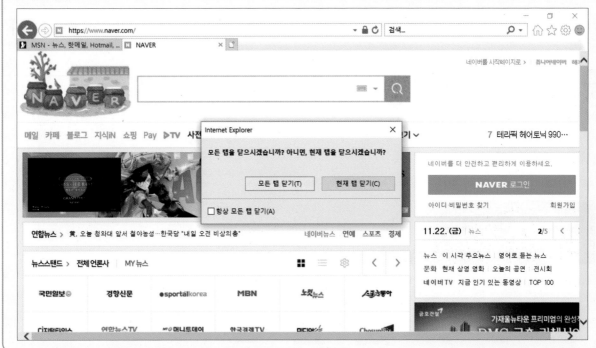

01 화면 오른쪽 상단에서 **[도구(⚙)]–[확대/축소(125%)]–[200%]**를 클릭하여 화면을 확대합니다.

> 잠깐만   [도구(⚙)]–[확대/축소(125%)]에서 '125%'는 현재 화면 크기의 배율을 의미하며, 화면을 확대하려면 Ctrl 키와 + 키를 누릅니다. 화면을 축소하려면 Ctrl 키와 - 키를 눌러 원하는 화면 크기로 조정합니다.

02 다시 화면을 축소하려면 화면 오른쪽 상단에서 **[도구(⚙)]–[확대/축소(200%)]–[75%]**를 클릭합니다.

03 화면이 축소되었습니다.

상태 표시줄에서 화면을 확대/축소하기

인터넷 익스플로러 상단의 빈 곳에서 마우스 오른쪽 버튼을 클릭하여 [상태 표시줄]을 클릭합니다. 화면 하단에 상태 표시줄이 표시되고, 화면 오른쪽 하단의 화면 보기의 ▼를 클릭하여 배율을 조정하면 화면을 확대하거나 축소할 수 있습니다.

1 인터넷 익스플로러의 화면 구성을 살펴본 후 알맞은 명칭을 적어봅니다.

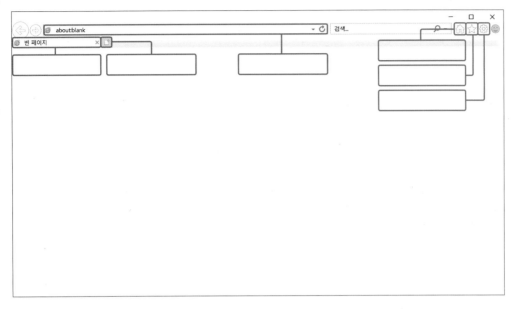

2 인터넷 익스플로러에서 상태 표시줄을 보이게 한 다음 상태 표시줄의 화면 보기의 배율을 '50%'로 조절해 봅니다.

(   )

3 지금 사용하고 있는 PC의 IP 주소를 찾아 적어봅니다.

(   )

※ 주소 표시줄에 다음 인터넷 주소를 입력하여 접속합니다. 접속한 사이트가 어디인지 알아봅니다.

4 www.seoul.go.kr

(   )

5 www.president.go.kr

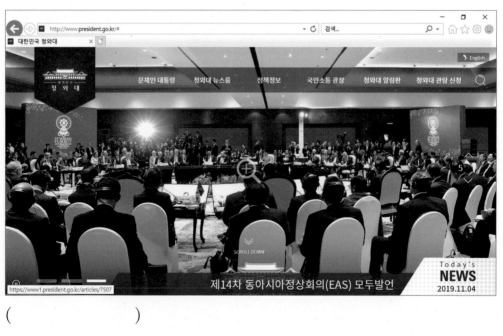

(   )

인터넷 서핑과 즐겨찾기

이번 장에서는 포털 사이트에 접속하지 않고 검색을 하는 방법에 대해서 알아보도록 하겠습니다. 또한 검색 엔진을 추가하거나, 시작 페이지를 변경, 탭을 다루는 방법과 자주 이용하는 사이트를 즐겨찾기에 등록하여 사용하는 방법까지 알아보도록 하겠습니다.

인터넷을 시작하기 전에

Step 01   홈페이지(Homepage)

웹 사이트의 주소를 입력하여 접속했을 때 처음으로 보이는 웹 페이지를 홈페이지라고 합니다. 따라서 보통 웹 사이트의 주소는 홈페이지의 주소를 말하며 홈페이지와 연결된 많은 웹 페이지들은 사용자가 링크를 클릭하면 보입니다.

Step 02   포털 사이트(Portal Site)

포털의 본래 뜻은 '관문', '현관'이라는 뜻으로 인터넷에 있는 종합정보 사이트를 말합니다. 포털 사이트는 전자 우편이나 홈페이지 계정을 제공하며, 검색 엔진을 비롯한 정보 서비스를 제공해 주기 때문에 특별한 서비스를 위해 다른 사이트에 방문하지 않도록 다양한 서비스를 제공하고 있습니다. 대표적인 포털 사이트로는 '네이버', '다음', '구글' 등이 있습니다.

Step 03 검색 엔진(Search Engine)

인터넷 기술이 발달하면서 누구든지 마음대로 자료를 찾을 수 있게 되었습니다. 인터넷 자료를 검색할 수 있게 도와주는 소프트웨어가 검색 엔진입니다. 사용자가 원하는 정보를 찾기 위해서는 다양한 기능을 갖춘 '검색 엔진'이 필요합니다. 검색 엔진은 기준과 방식이 조금씩 다르기 때문에 검색 결과 역시 차이를 냅니다. 대표적인 검색 엔진에는 국내의 '네이버', '다음' 등과 해외의 '구글', '빙' 등이 있습니다. 일반적으로 검색 엔진을 사용하는 것은 무료이며, 포털 사이트는 자신만의 검색엔진을 보유하고 있습니다.

Step 04 인터넷 옵션

인터넷 옵션에서는 인터넷 익스플로러를 초기화하거나 시작 페이지를 변경, 검색 기록 삭제, 자동 완성 기능 등을 설정할 때 필요합니다. 인터넷 옵션은 인터넷 익스플로러의 화면 오른쪽 상단에서 [도구(⚙)]-[인터넷 옵션]을 선택하여 설정할 수 있습니다.

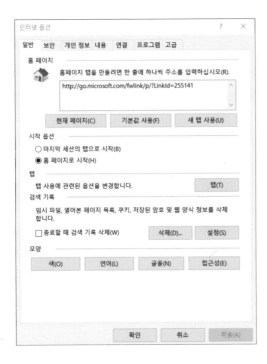

- [일반] 탭 : 기본 홈페이지 주소, 시작 옵션, 임시 인터넷 파일, 열어본 페이지 목록, 페이지 보관 일수, 탭 사용, 웹페이지의 색 및 글꼴, 언어 등을 설정합니다.
- [보안] 탭 : 인터넷, 인트라넷 등 영역에 따른 보안 수준을 설정합니다.
- [개인 정보] 탭 : 특정 웹 사이트의 쿠키 파일이 사용자의 컴퓨터에 저장되도록 허용할지의 여부와 웹 사이트 접속 시 팝업 창의 표시 여부, 웹 사이트에 사용자의 위치정보 공유 요청에 허용할지의 여부를 설정합니다.
- 내용 : 자녀 보호 설정, 인증서의 관리 및 개인정보 등을 설정, 자동 완성 기능 등을 설정합니다.
- 연결 : 인터넷 연결 및 인터넷을 위한 LAN 환경을 설정합니다.
- 프로그램 : 전자 메일, 뉴스그룹 등 각 인터넷 서비스에 자동으로 연결하여 사용할 프로그램을 지정합니다.
- 고급 : 멀티미디어, 보안, 접근성 등 인터넷 사용에 관한 세부적인 요소들을 사용자에게 맞게 설정합니다.

Step 01 검색하기

01 인터넷 익스플로러를 실행한 후 검색 창에 검색어를 '네이버'를 입력한 후 [Enter] 키를 누릅니다.

02 인터넷 익스플로러의 검색 창의 기본 검색 엔진이 'Bing'이기 때문에 Bing에서 네이버에 관련된 검색 목록이 표시됩니다. '네이버 – NAVER'를 클릭합니다.

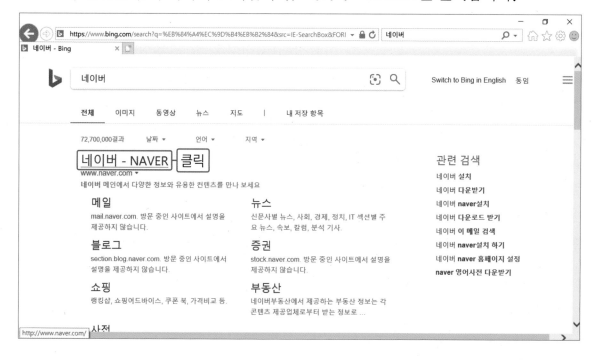

03 새로운 탭이 추가되면서 '네이버' 사이트에 접속되었습니다.

04 검색 창에 사용자가 원하는 검색 엔진을 추가하기 위해 검색 창의 ▾를 클릭한 후, **[추가]를 클릭**합니다.

05 'Internet Explorer 갤러리' 페이지가 열리면서 '추가 기능'에 검색 엔진 목록이 나타납니다. 추가할 검색 엔진을 선택하여 [추가]를 클릭합니다. 여기서는 **'네이버'의 [추가]를 클릭**합니다. [검색 공급자 추가] 창이 나타나면 **[추가] 버튼을 클릭**합니다.

06 검색 창의 ⏷를 클릭하면 '**N**(네이버)'가 추가되어 있습니다. 네이버에서 검색하기 위해 '**N**(네이버)'를 클릭한 후 검색창에 **'국립중앙도서관'이라고 입력**하고 Enter 키를 누릅니다.

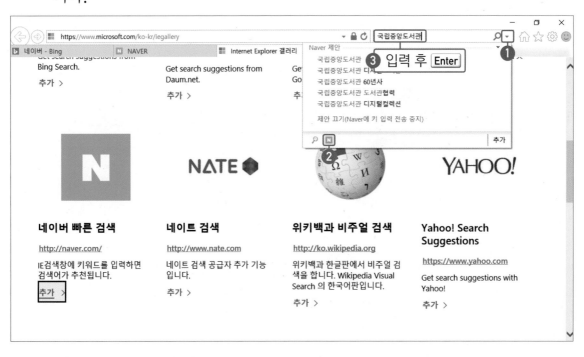

07 새로운 탭이 추가되면서 '네이버' 사이트에서 '국립중앙도서관'에 관련된 검색 목록이 나타납니다.

[기본 검색 공급자]를 네이버로 변경하기

인터넷 익스플로러 검색에 기본 검색 엔진은 'Bing'으로 되어 있는데, '네이버'로 변경하려면 [도구(⚙)]–[추가 기능 관리]를 클릭합니다. [추가 기능 관리] 창에서 [검색 공급자]–[NAVER]를 선택한 후 [기본값으로 설정] 버튼을 클릭하고 [닫기] 버튼을 클릭합니다. 인터넷 익스플로러의 기본 검색 엔진이 'NAVER'로 변경되어서 검색 창에 검색어를 입력하면 바로 네이버에서 검색됩니다.

08 오른쪽 상단의 ⊠(닫기)를 클릭합니다. 모든 탭 혹은 현재 탭을 닫겠냐는 묻는 창이 나타나면 [모든 탭 닫기] 버튼을 클릭하여 인터넷 익스플로러가 종료합니다.

시작 페이지 지정하기

01 인터넷 익스플로러를 실행한 후 주소 표시줄에 'www.naver.com'을 입력한 후 Enter 키를 누릅니다.

02 시작 페이지를 변경하기 위해 화면 오른쪽 상단에서 **[도구(⚙)]–[인터넷 옵션]을 클릭합**니다. [인터넷 옵션] 대화상자가 나타나면 [일반] 탭의 [홈 페이지]에서 **[현재 페이지] 버튼을 클릭**하고 **[확인] 버튼을 클릭**합니다.

시작 페이지를 새 탭으로 설정하기

[인터넷 옵션] 대화상자에서 [일반] 탭의 [홈 페이지]에서 [새 탭 사용] 버튼을 클릭하여 설정한 후 인터넷 익스플로러를 다시 실행하면 시작 페이지가 [새 탭]으로 변경됩니다.

03 인터넷 익스플로러를 종료하기 위해 창의 ⊠(닫기)를 **클릭**한 후 다시 인터넷 익스플로러를 실행하면 시작 페이지가 '네이버'로 변경되어 있습니다.

여러 개의 탭을 시작 페이지로 추가하기

- 인터넷 익스플로러의 시작 페이지에 탭을 만들려면 한 줄에 하나씩 주소를 입력합니다. 입력한 주소만 큼 탭의 개수가 추가되어 인터넷 익스플로러가 실행됩니다.

1 [도구(⚙️)]–[인터넷 옵션]을 클릭합니다. [인터넷 옵션] 대화상자에서 [일반] 탭의 '홈 페이지'의 입력란에 'www.naver.com'을 입력하고 Enter 키를 누른 후 'www.daum.net'을 입력하고 [확인] 버튼을 클릭합니다. ×(닫기)를 클릭하여 인터넷 익스플로러를 종료합니다.

2 인터넷 익스플로러를 다시 실행하면 '네이버'와 '다음'이 탭으로 추가되어 있습니다.

01 인터넷 익스플로러에서 새 탭을 추가하기 위해 (새 탭)을 클릭합니다.

참고 | 새 탭 추가하기의 바로 가기 키는 Ctrl + T 이며, 탭 닫기 바로 가기 키는 Ctrl + W 입니다.

02 '새 탭' 페이지가 열립니다. 주소 표시줄에 'www.daum.net'이라고 입력하고 Enter 키를 누릅니다.

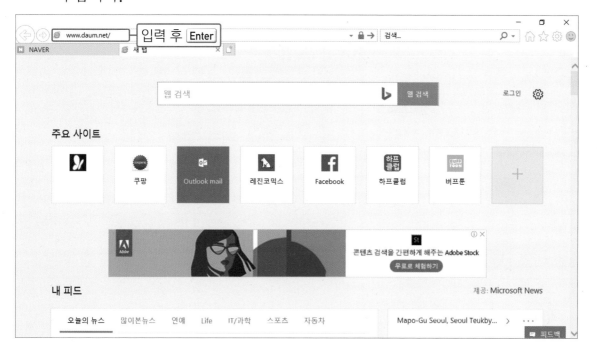

03 입력한 '다음' 사이트로 변경되었습니다. 현재 탭의 ☒(탭 닫기)]를 클릭하여 닫습니다.

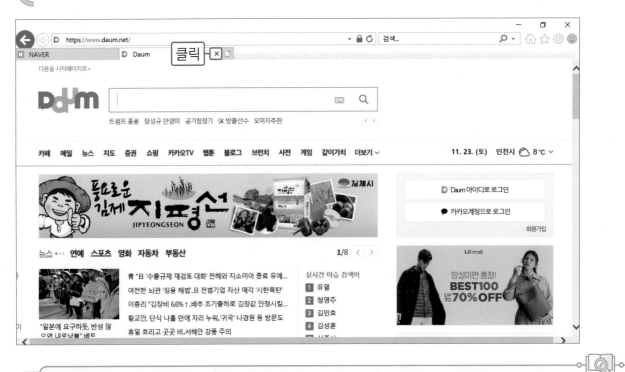

사용자의 첫 홈 페이지로 새 탭 고정하기

[인터넷 옵션] 대화상자에서 [일반] 탭의 [탭]에서 [탭] 버튼을 클릭합니다. [탭 검색 설정] 대화상자가 나타나면 [새 탭이 열리면 다음 열기]의 ⌄를 클릭하여 '사용자의 첫 홈 페이지'로 설정한 후 [확인] 버튼을 클릭합니다. [인터넷 옵션] 대화상자에도 [확인] 버튼을 클릭하여 닫습니다. 이제 인터넷 익스플로러의 [새 탭(🔲)]을 클릭하면 설정한 첫 홈 페이지가 탭으로 추가됩니다.

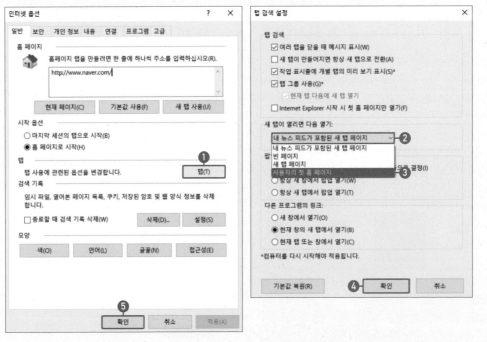

Step 01 즐겨찾기에 사이트 추가하기

01 네이버의 검색어 입력란에 **'국민은행'을 입력**한 후 Enter 키를 눌러 검색합니다. **'KB국민은행'을 클릭**합니다.

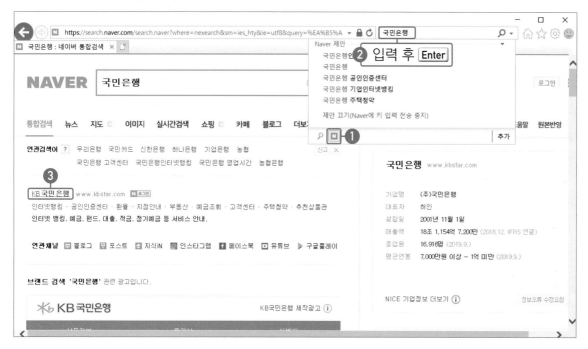

02 'KB국민은행'에 접속하면 현재 사이트를 즐겨찾기에 추가하기 위해 화면 상단 오른쪽의 **[즐겨찾기(☆)]–[즐겨찾기에 추가]** 버튼을 클릭합니다. [즐겨찾기 추가] 창이 나타나면 입력된 이름 그대로 **[추가]** 버튼을 클릭합니다.

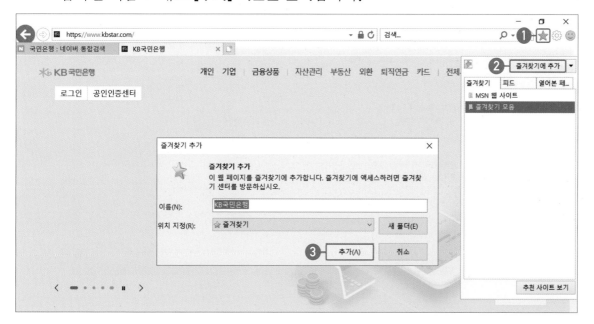

03 화면 상단 오른쪽의 [즐겨찾기(☆)]버튼을 클릭하면 'KB 국민은행' 사이트가 추가된 것을 확인할 수 있습니다. 어느 페이지에서나 [즐겨찾기(☆)]-[KB 국민은행]을 클릭하면 해당 사이트에 접속할 수 있습니다.

Step 02   즐겨찾기 모음에 추가하기

01 네이버의 검색어 입력란에 **'우리은행'을 입력**한 후 Enter 키를 눌러 검색합니다. **'우리은행'을 클릭**합니다.

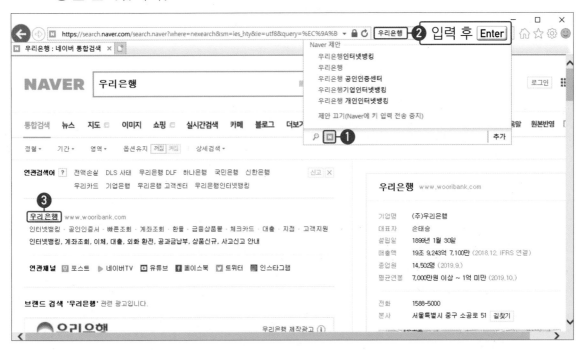

02 '우리은행'에 접속하면 현재 사이트를 즐겨찾기 모음에 추가하기 위해 **[즐겨찾기(☆)]** 버튼을 클릭한 후, [즐겨찾기에 추가]의 ▾를 클릭한 후, [즐겨찾기 모음에 추가]를 선택합니다. ×(닫기)를 클릭한 후, **[모든 탭 닫기]** 버튼을 클릭합니다.

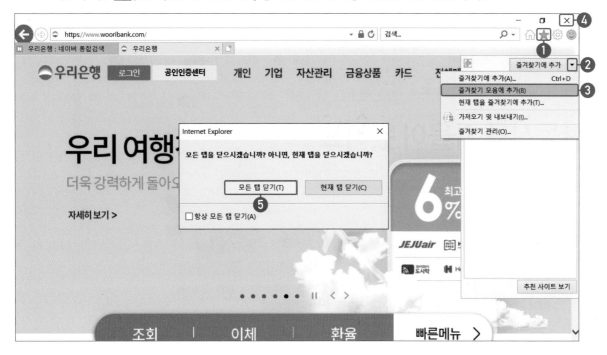

03 인터넷 익스플로러를 다시 실행합니다. 화면 상단에 새로 추가한 '우리은행' 사이트가 포함된 즐겨찾기 모음이 표시됩니다. 즐겨찾기 모음의 **'우리은행'**을 클릭합니다.

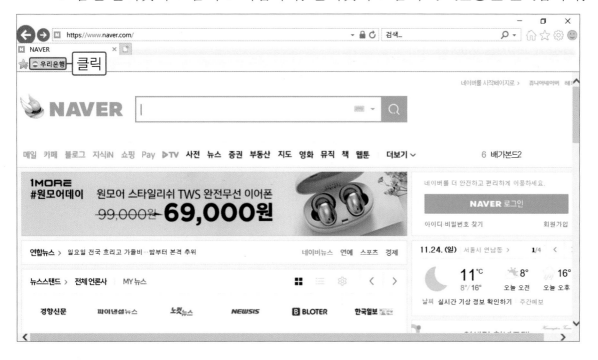

04 바로 '우리은행' 사이트에 접속할 수 있습니다. 화면 상단의 빈 곳에서 **마우스 오른쪽 버튼을 클릭**하여 **[즐겨찾기 모음]을 선택**하여 즐겨찾기 모음을 숨깁니다.

····
Step 03 즐겨찾기 관리하기

01 화면 상단 오른쪽의 **[즐겨찾기(☆)]버튼을 클릭**한 후 **[즐겨찾기에 추가]의 ▼를 클릭**하여 **[즐겨찾기 관리]를 선택**합니다.

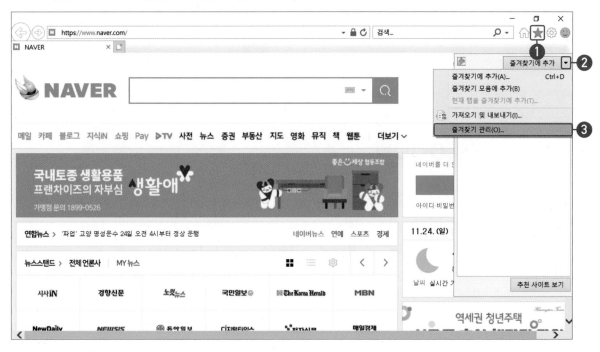

02 [즐겨찾기 관리] 대화상자에서 새 폴더를 추가하기 위해 **[새 폴더] 버튼을 클릭**합니다. 새 폴더가 추가되면 **폴더 이름에 '은행'을 입력**하고 Enter 키를 누릅니다.

03 선택한 사이트를 이동하기 위해 [즐겨찾기 관리] 대화상자에서 즐겨찾기에 등록된 '**KB 국민은행'을 선택**하고, **[이동] 버튼을 클릭**합니다. [폴더 찾아보기] 대화상자가 나타나면 '**KB국민은행'이 이동할 폴더를 선택**하고 **[확인] 버튼을 클릭**합니다.

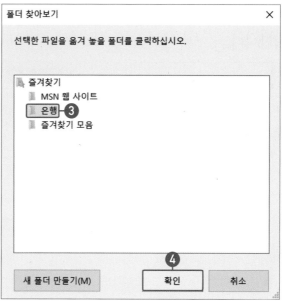

04 **[은행] 폴더를 클릭**하면 이동한 'KB국민은행' 사이트를 확인할 수 있습니다. 계속해서 즐겨찾기에 등록된 사이트의 이름을 변경하기 위해 **'KB국민은행' 사이트를 선택**하고 **[이름 바꾸기] 버튼을 클릭**합니다. 'KB국민은행'의 이름을 **'주거래은행'으로 입력**한 후 Enter 키를 눌러 이름을 바꾸어 줍니다.

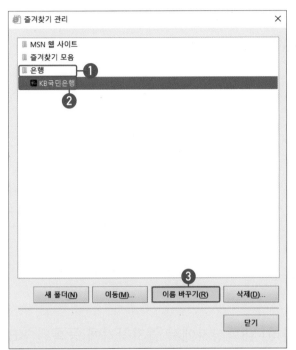 

05 [즐겨찾기 관리] 대화상자에서 [은행] 폴더 안의 **'주거래은행'을 선택**한 후 **[삭제] 버튼을 클릭**합니다. [은행] 폴더 안의 '주거래은행' 사이트가 삭제된 것을 확인하고 **[닫기] 버튼을 클릭**합니다.

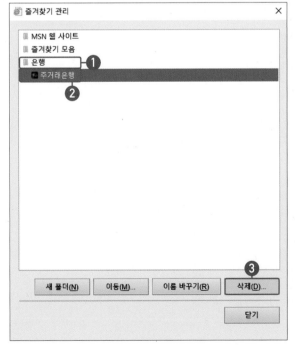 

1 인터넷 익스플로러의 시작 페이지를 다음의 사이트로 설정하여 세 개의 탭으로 만들어 봅니다.

> • www.daum.net(다음)   • www.naver.com(네이버)   • www.google.co.kr(구글)

2 인터넷 익스플로러에서 '국립중앙도서관'과 '마포중앙도서관'을 검색하여 즐겨찾기에 추가합니다. 즐겨찾기에 추가한 사이트를 '도서관' 폴더 안으로 이동한 후 즐겨찾기를 사용하여 '국립중앙도서관'에 접속해 봅니다.

03 모든 다 알려주는 인터넷!

학습 포인트

- 날씨 검색
- 지식 백과 검색
- 최저가 상품 검색
- 약 모양으로 검색
- 검색 연산자

이번 장에서는 검색연산자를 통해 조건을 주어 검색하는 방법을 배워 보겠습니다. 또한 날씨를 알아보거나, 약 이름을 검색하여 약의 효과를 알아보거나, 물건의 가격을 비교하는 방법, 지식백과를 사용하는 방법에 대해서도 알아보겠습니다.

Step 01 　키워드 검색

포털 사이트에서 자료 정보를 검색할 때 키워드를 사용하면 원하는 정보를 검색할 수 있습니다. 네이버의 검색란에 찾고자하는 키워드 '매운라면'을 입력하고 🔍 버튼을 클릭하여 매운라면과 관련된 모든 검색 목록이 표시됩니다.

인터넷 익스플로러에서 자료 정보를 검색할 때 구문이나 문장으로 검색할 수도 있습니다. 예를 들어 '라면 맛있게 끓이는 법'이라고 검색하면 해당 구문이 포함된 검색 자료가 검색됩니다.

검색 연산자는 정보를 상세히 검색하고자 할 때 필요합니다. 꼭 필요한 자료를 얻고자할 때 활용하면 편리합니다.

- **""(큰따옴표)** : 큰따옴표 안에 단어, 문장이 정확하게 일치하는 결과만 검색합니다.
  - 예 "매운라면" : 정확하게 '매운라면'과 일치하는 단어만 검색합니다.

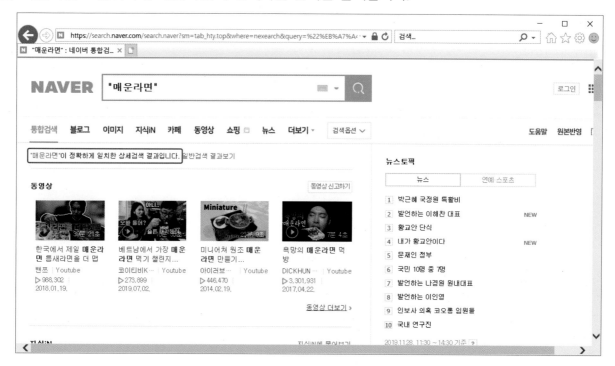

- **+ (더하기)** : 단어 앞에 공백 없이 '+'를 입력하면 해당 단어를 모두 포함하여 검색합니다.
  - 예 "라면" +매운 : '라면'이 정확하게 일치하고 '매운'을 포함한 구문을 검색합니다.

- – (빼기) : 단어 앞에 공백 없이 ‘–’를 입력하면 해당 단어를 제외하고 검색합니다.
  - 예 “라면” –매운 : ‘라면’이 정확하게 일치하고 ‘매운’을 제외한 구문을 검색합니다.

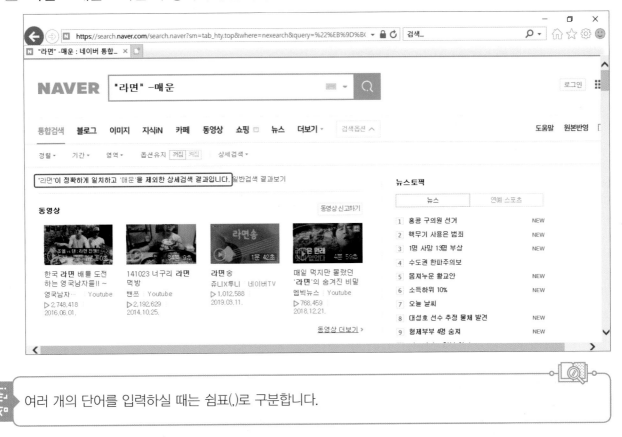

여러 개의 단어를 입력하실 때는 쉼표(,)로 구분합니다.

Step 03 네이버 서비스를 이용하여 검색하기

네이버에는 포털사이트 사용자의 편의를 위한 상세 서비스가 있습니다. [더보기]를 클릭한 후 찾고자하는 서비스를 클릭하면 손쉽게 정보를 검색하여 자료를 구할 수 있습니다.

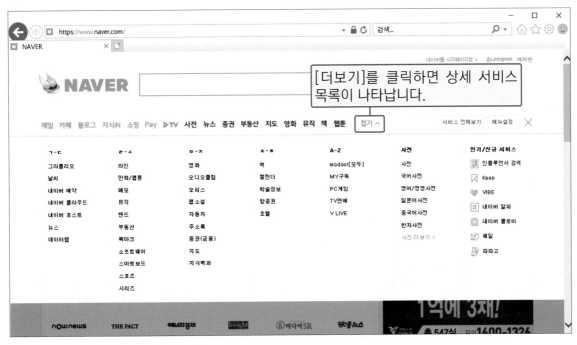

Step 01 **오늘의 날씨 알아보기**

01 네이버의 검색란에 **'날씨'**라고 **입력**한 후 ▣ **버튼을 클릭**합니다. 사용자 위치 기반을 토대로 그 지역의 오늘 '날씨'가 검색됩니다.

> **잠깐** '날씨'를 검색하면 현재 위치를 탐색하여 날씨를 검색하지만, PC의 기능이나 설정에 따라 현재 위치를 탐색하지 못할 수도 있습니다.

02 검색하고자 하는 **'지역 이름'**과 **'날씨'**를 **입력**한 후 ▣ **버튼을 클릭**합니다. 동일한 이름의 지역이 있더라도 사용자와 가까운 곳의 입력한 이름의 '지역 날씨'가 검색됩니다.

03 검색된 지역과 지역명이 같은 지역이 많을 경우 지역의 ⌄를 **클릭**하여 **원하는 지역을 선택**하여 날씨를 확인합니다.

04 해외 여행지의 날씨를 확인하려면 여행지명과 날씨를 함께 입력하여 검색합니다. '**다낭 날씨**'를 **입력**한 후 🔍 **버튼을 클릭**하면 다낭의 오늘 날씨를 포함하여 시간대별, 주간 날씨까지 확인할 수 있습니다.

01 네이버의 검색란에 '빗살무늬토기'라고 입력한 후 🔍 버튼을 클릭합니다.

02 '빗살무늬토기'에 관련된 검색 결과가 표시됩니다. 백과사전에서 빗살무늬토기에 대해서 찾아보기 위해 카테고리 중 [지식백과]를 클릭합니다.

03 지식백과에서 '빗살무늬토기'에 관련된 자료가 검색되었습니다. **검색 결과를 클릭**합니다.

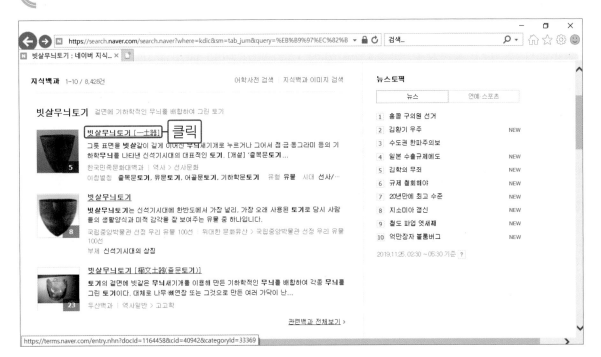

04 '빗살무늬토기'에 대한 설명과 함께 다양한 관련이미지까지 볼 수 있습니다. 화면 스크롤을 내리면서 자세히 관련 자료를 읽어봅니다.

01 인터넷에서 온라인 쇼핑몰을 활용하여 가격 비교하기 위해 네이버 사이트의 검색어 입력란에 '**다나와**'를 **입력**한 후 🔍 버튼을 클릭하여 검색합니다. 검색 결과 중 '**다나와**'를 클릭합니다.

02 가격 비교 사이트인 '다나와'에 접속한 후 검색란에 비교할 상품을 입력한 후 검색합니다. 여기선 '**호박고구마**'라고 **입력**한 후 🔍버튼을 클릭합니다.

03 '호박고구마'에 관련된 사항이 검색되었습니다. 가격을 비교하기 위해 **[가격비교] 탭을 클릭**합니다. 같은 제품이라도 여러 쇼핑몰에서 판매하고 있습니다. 비교하고자 하는 **상품을 클릭**합니다.

04 쇼핑몰에 따른 상품 가격이 나타납니다.

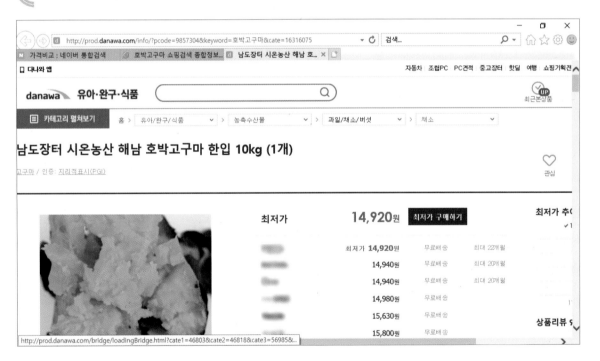

가격 비교 사이트를 한 군데에서만 상품을 비교해 보는 것이 아니라 비슷한 사이트에서 상품을 검색해본 후 상품 후기 등을 꼼꼼히 살펴서 가장 좋은 상품을 저렴하게 구매하는 것이 좋습니다. 사이트마다 검색 방법은 비슷해서 쉽게 비교할 수 있습니다. 네이버 쇼핑에서도 가격 비교를 해 볼 수 있습니다.

❶ 네이버의 검색란에 '호박고구마'라고 입력하여 검색한 후 카테고리 중 [쇼핑]을 클릭합니다.

❷ 검색된 목록에서 [가격비교] 탭을 선택한 후 원하는 상품 리스트 중 가장 최저가를 클릭합니다.

01 네이버의 검색어 입력란에 **'약 정보'라고 입력**한 후 🔍 **버튼을 클릭**하여 검색합니다. '의약품 검색'이 나타나면 **'펜잘'을 입력**하고 **[검색] 버튼을 클릭**합니다.

02 '펜잘'에 관련된 약품이 나타납니다. 약의 모양과 사진을 비교한 후, 찾고자하는 **'펜잘'을 선택**합니다. 성분 정보와 저장 방법, 효능효과 등 약에 대한 정보를 알 수 있습니다.

약 모양으로 찾기

❶ 처방 받은 약이 있는데 복약 안내서를 잃어버려서 약에 대해서 알고 싶을 때는 '의약품 검색'의 [약 모양으로 찾기] 탭을 클릭하고, [약 모양으로 찾기] 버튼을 클릭합니다.

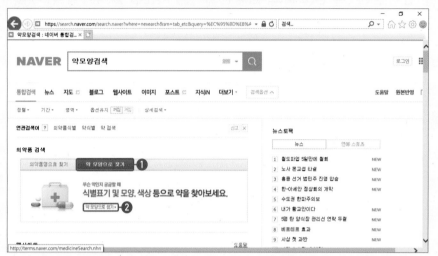

❷ '약 모양으로 검색'의 식별문자 입력란에 가지고 있는 약에 적혀 있는 문자 'KD'를 입력해 봅니다. 모양은 '타원형', 색상은 '연두', 제형은 '정제류'를 선택하여 가지고 있는 약에 해당되는 것만 설정한 후 [검색] 버튼을 클릭합니다.

❸ 검색된 약 중 '위타렌정'을 클릭합니다. 검색된 약을 확인하여 복약시 주의사항 등을 살펴봅니다.

01 해외여행을 조사하기 위해 네이버의 검색어 입력란에 **'해외여행'을 입력**한 후, 🔍 버튼을 **클릭**하여 검색합니다. '해외여행'에 관련된 광고들만 검색에 나타납니다.

02 정확한 검색을 위해 검색어 입력란에 해외여행 양 끝에 " "를 **입력**한 후, 🔍 버튼을 클릭하여 검색합니다. 해외여행에 대한 자료들만 나타납니다.

03 여행지의 선택지로서 일본을 제외하고 검색하기 위해 검색어 뒤에 **'-일본'을 입력**한 후, 🔍 **버튼을 클릭**하여 검색합니다. 해외여행에 대한 자료에서 '일본'이라는 키워드는 제외되어 검색 됩니다.

04 겨울에 여행을 떠날 것이기에 '겨울' 키워드를 검색어에 포함하기 위해 검색어 뒤에 **'+겨울'을 입력**한 후, 🔍 **버튼을 클릭**하여 검색합니다. 해외여행에 대한 자료에서 '일본'을 제외한 후, '겨울'이 포함된 자료들만 검색됩니다.

1 칼국수를 맛있게 끊이는 방법을 찾고자 하는데, 얼큰한 맛이 나게 하되 고추 재료는 제외하고 끓이는 방법을 '블로그'에서만 검색해 봅니다.

> '칼국수'에 대한 검색결과에서 '맛있게 끓이는 법'이라는 문장이 일치하고, '얼큰'이라는 단어를 꼭 포함하되, '고추'라는 단어는 제외시키는 검색 조건

2 이탈리아 밀라노의 내일 날씨를 검색해 봅니다.

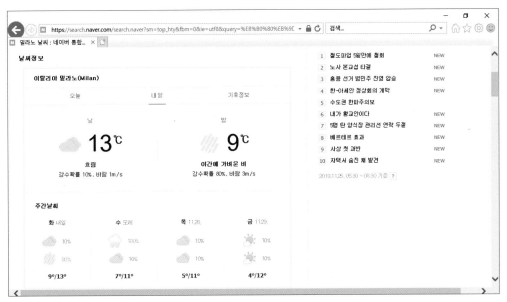

3 네이버 쇼핑에서 반건조 오징어를 검색하여 가장 리뷰 많은 오징어의 최저가를 알아봅니다.

(   )

힌트 네이버 쇼핑에서 상품을 검색한 후 [가격비교]에서 '리뷰 많은순'으로 분류하여 가장 상위에 있는 상품의 최저가를 알아봅니다.

4 약 모양으로 다음 의약품을 찾아봅니다.

- 약 식별문자 : HTR
- 색상 : 하양
- 제형 : 정제류

(   )

인터넷 편지 주고받기

학습 포인트

- 내게 쓰기
- 메일 보내기
- 파일 첨부하기
- 첨부 파일 다운로드 하기
- 메일 삭제하기
- 메일 휴지통 비우기

이번 장에서는 이메일에 대해서 알아보겠습니다. 이메일을 보내거나 받고 삭제하는 방법 뿐 아니라, 첨부파일이나 지도를 삽입하여 메일을 보내거나, 메일함을 관리하는 방법까지 알아보겠습니다.

Step 01　이메일이란?

인터넷을 사용하여 멀리 있는 사람들과 편지를 빠르게 주고받을 수도 있습니다. 이러한 전자 우편을 '이메일'이라 합니다. 주소가 있어야 편지를 보내듯이, '이메일'에도 주소를 필요로 합니다.

- 이메일 : 통신망을 통해 주고받아서 즉시 확인할 수 있고, 동시에 여러 명에게 발송할 수도 있습니다. 또한 비용이 들지 않으며, 상대방이 인터넷에 접속하지 않아도 편지를 보낼 수 있습니다.

- 이메일 주소 : 이메일 주소는 '사용자 이름@도메인 이름'으로 구성되어 있습니다. 사용자 이름은 포털 사이트나 회사, 기관등에 가입할 때 사용자가 자신을 나타내는 고유명사를 아이디라 합니다. 도메인 이름은 이메일 주소를 제공하는 사이트의 이름입니다. '@'은 '~에 있는'이란 의미이며 이메일의 사용자 이름과 도메인 네임을 구분합니다.

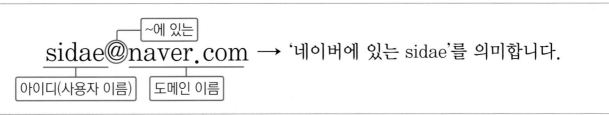

sidae@naver.com → '네이버에 있는 sidae'를 의미합니다.
~에 있는 / 아이디(사용자 이름) / 도메인 이름

네이버 메일에서 [메일 쓰기] 버튼을 클릭하면 메일 쓰기 창이 표시됩니다. 메일 쓰기 도구 모음은 워드프로세서의 도구 모음과 비슷해서 쉽게 사용 방법을 익힐 수 있습니다.

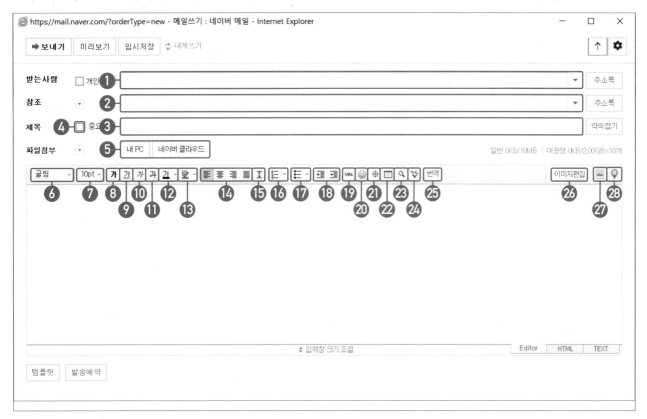

1 받는사람 : 이메일을 받을 사람의 이메일 주소를 입력합니다.

2 참조 : 이메일을 참조할 사람의 주소를 입력합니다.

3 제목 : 메일 제목을 입력합니다.

4 중요 : 체크 표시하면 중요 편지로 표시하여 보낼 수 있습니다.

5 파일첨부 : [내 PC] 버튼을 클릭하면 사용자 PC에서 파일을 불러와서 첨부합니다. [네이버 클라우드] 버튼을 클릭하면 네이버 클라우드의 파일을 불러와서 첨부합니다.

6 글꼴 : 글꼴을 변경합니다.

7 글자크기 : 글자 크기를 설정합니다.

8 굵게 : 글자를 굵은 글씨로 만듭니다.

9 밑줄 : 글자에 밑줄을 긋습니다.

10 기울임꼴 : 글자의 위쪽을 오른쪽으로 기울여서 나타냅니다.

11 취소선 : 글자에 가로로 직선을 긋습니다.

12 글자색 : 글자의 색을 변경합니다.

13 배경색 : 글자 배경에 색을 변경합니다.

⑭ 왼쪽 정렬/가운데 정렬/오른쪽 정렬/양쪽 정렬 : 문단의 모양을 변경합니다.

⑮ 줄 간격 : 줄과 줄 사이의 간격을 조정합니다.

⑯ 번호매기기 : 문장과 문장사이에 번호를 만듭니다.

⑰ 글머리기호 : 문장과 문장사이에 구분할 수 있도록 조정합니다.

⑱ 내어쓰기/들여쓰기 : 내어쓰기/들여쓰기를 실행합니다.

⑲ URL : 하이퍼링크를 첨부합니다.

⑳ 이모티콘 : 표정, 동식물, 사물1, 사물2, 말풍선 중에서 선택하여 삽입합니다.

㉑ 특수기호 : 키보드에 없는 특수한 글자를 입력합니다.

㉒ 표 : 표를 만듭니다.

㉓ 찾기/바꾸기 : 글자를 찾거나, 찾은 후 바꿉니다.

㉔ 맞춤법 : 맞춤법검사를 실행해 틀린 글자를 찾아줍니다.

㉕ 번역 : 'papago'를 실행합니다.

㉖ 이미지 편집 : 이미지 편집기에서 이미지를 불러와서 편집기에서 편집한 후 삽입합니다.

㉗ 이미지 삽입 : 이미지를 불러와서 삽입합니다.

㉘ 지도 첨부 : 장소를 검색하여 지도를 첨부합니다.

Step 03 메일 미리보기

내가 보내는 메일이 상대방에게 어떻게 보이는지 미리 봐야할 필요가 있습니다. [보내기] 버튼 오른쪽에 [미리보기] 버튼을 클릭하면 메일을 미리 볼 수가 있습니다. 미리보기 상태에서 바로 [보내기] 버튼을 클릭하면 메일을 보내집니다. 메일을 수정하고 싶다면 [수정하기] 버튼을 클릭합니다.

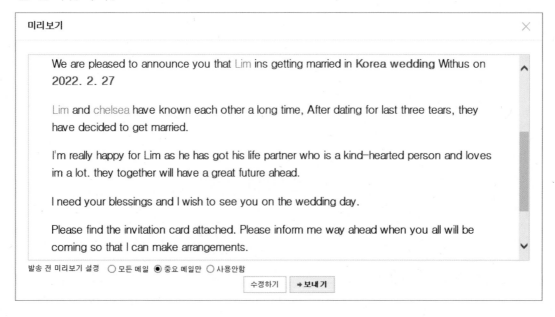

회원 가입하여 이메일 주소 만들기

01 네이버 사이트의 오른쪽 [네이버 로그인] 버튼 아래 **[회원가입]을 클릭**합니다.

02 **회원가입을 위한 필수 사항과 위치정보 동의에만 체크**하고 광고성 메일인 선택사항은 체크하지 않고 **[확인]** 버튼을 클릭합니다.

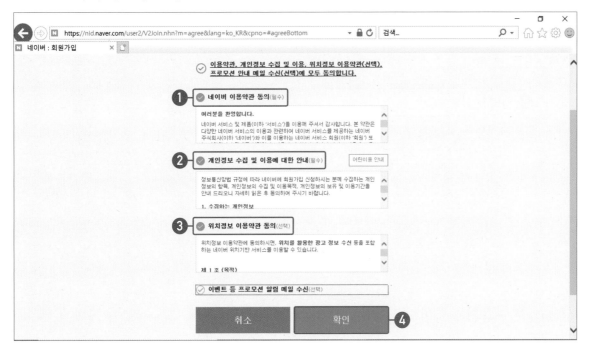

03 아이디와 비밀번호, 비밀번호 재확인, 이름을 입력합니다.

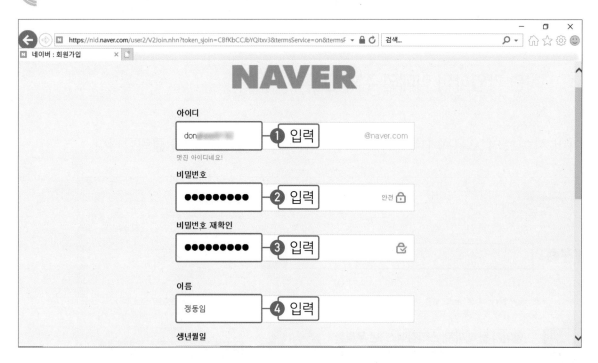

04 생년월일, 성별, 휴대전화를 입력 및 설정한 후 [인증번호 받기] 버튼을 클릭합니다.

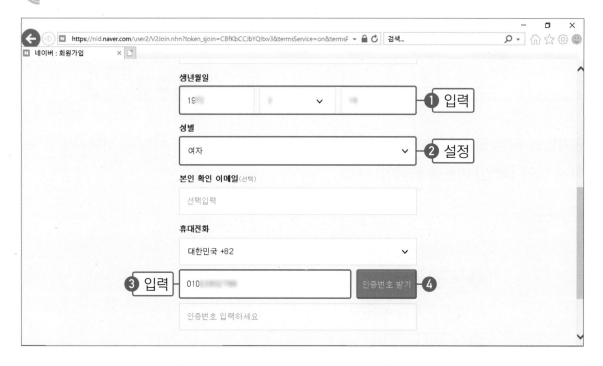

05 입력한 휴대폰 번호로 인증번호를 받으면 똑같이 **인증번호를 입력**합니다. 인증에 '일치'
라고 나타나면 **[가입하기] 버튼을 클릭**합니다.

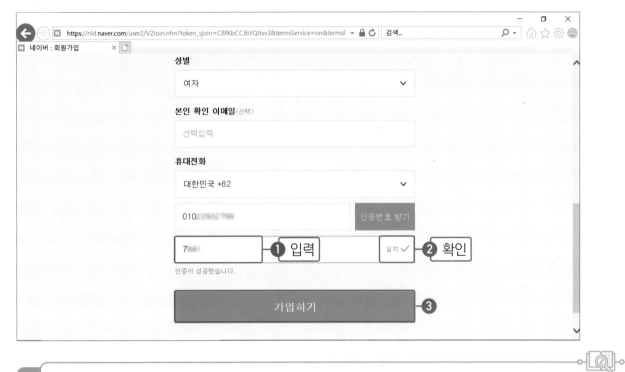

잠깐! 인증번호를 3분안에 입력하지 않는다면 다시 인증번호를 받아야만 합니다.

06 네이버의 환영 메시지를 확인한 후 **[시작하기] 버튼을 클릭**합니다.

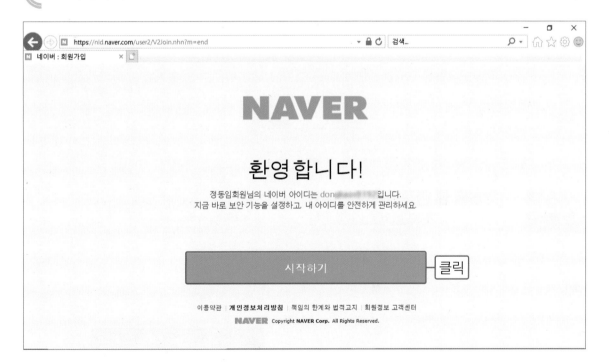

07 보안 설정 페이지가 나타납니다. 화면 상단 오른쪽의 **아이디를 클릭**하면 네이버 메일 주소도 확인할 수 있습니다. **[로그아웃] 버튼을 클릭**하여 네이버에서 로그아웃 합니다.

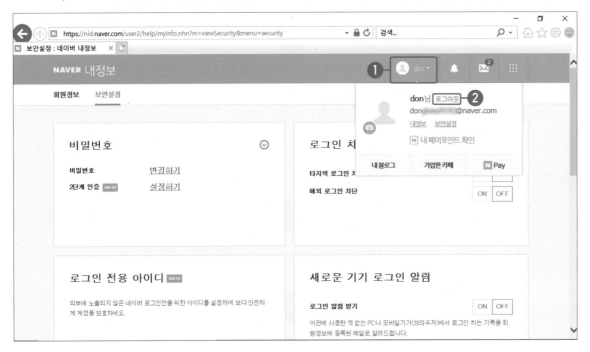

Step 02 받은 메일 확인하기

01 네이버 사이트에서 로그인하기 위해 **[NAVER 로그인] 버튼을 클릭**합니다.

02 회원가입 할 때 입력한 **아이디와 비밀번호를 입력**한 후 **[로그인] 버튼을 클릭**합니다.

03 가입할 때 입력한 휴대전화 번호인지 확인한 후 **[저장] 버튼을 클릭**합니다. 휴대전화 번호만 저장한다는 메시지 창에 **[확인] 버튼을 클릭**합니다.

'naver.com의 암호를 저장하시겠습니까?'라는 물음에 공용PC의 경우 [이 사이트의 경우 저장 안 함] 버튼을 클릭합니다. 다른 사용자가 저장된 암호로 나의 메일을 확인할 수 있습니다.

04 네이버에 로그인한 후, 화면의 오른쪽에 자신의 이름과 함께 간단한 정보가 나타납니다. 메일을 확인하기 위해 [메일]을 클릭합니다.

05 처음 메일 페이지로 이동한 경우 메일 환경을 설정하는 여러 단계로 표시되는데, 단계별로 읽어본 후 기본 설정 그대로 변경하지 않고 [받은메일함 가기] 버튼을 클릭합니다.

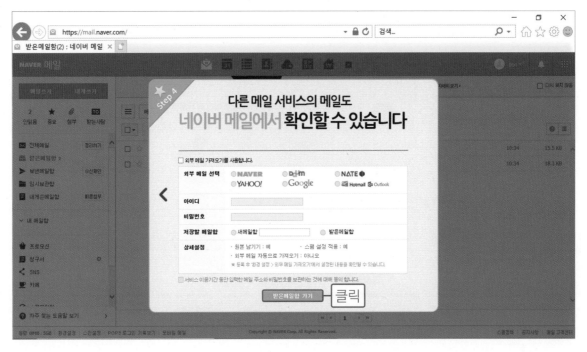

06 [받은메일함]이 열리면 **'네이버 회원가입을 환영합니다.'** 메일을 클릭합니다.

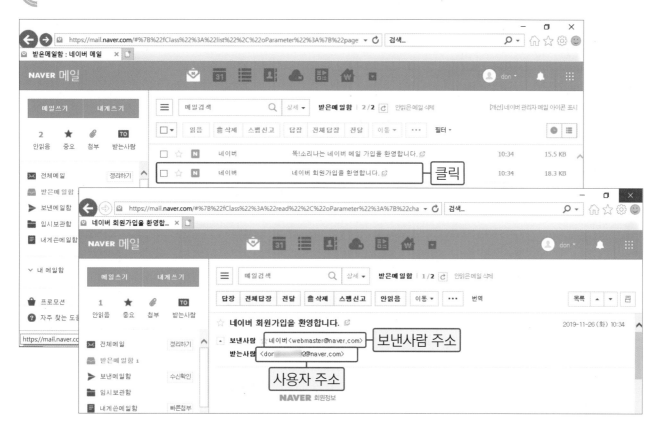

Step 03 | 스스로에게 메일 보내기

01 자신에게 메일을 내게 쓰기 위해서 **[내게쓰기]**를 클릭합니다. 메일 쓰기 창에서 다음과 같이 **[제목]**을 '테스트'라고 입력 하고, **[내용]**을 입력 후, **[저장] 단추를** 클릭합니다.

[내게쓰기]를 사용하는 이유

공용 PC를 사용할 경우나 다른 PC에서 자료를 사용하기 위해서 스스로에게 메일로 자료를 보내 자료를 안전하게 보관하기 위해 주로 사용합니다.

02 '메일이 저장되었습니다.'라는 메시지가 나타납니다.

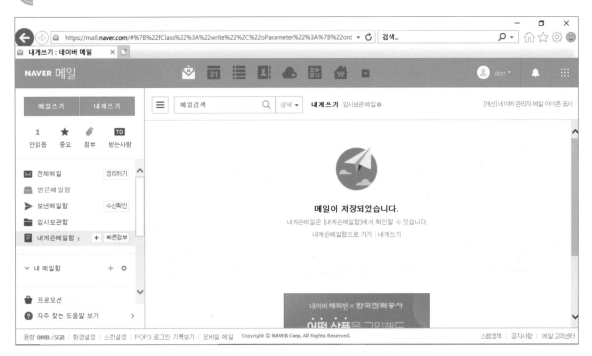

03 [내게쓴메일함]에 저장된 편지 숫자 '1'이 표시됩니다. 저장된 편지를 읽기 위해 **[내게쓴 메일함]을 클릭**하고, 메일 목록 창에서 새로 저장된 편지 제목 **'테스트'를 클릭**하여 메일 내용을 확인 합니다.

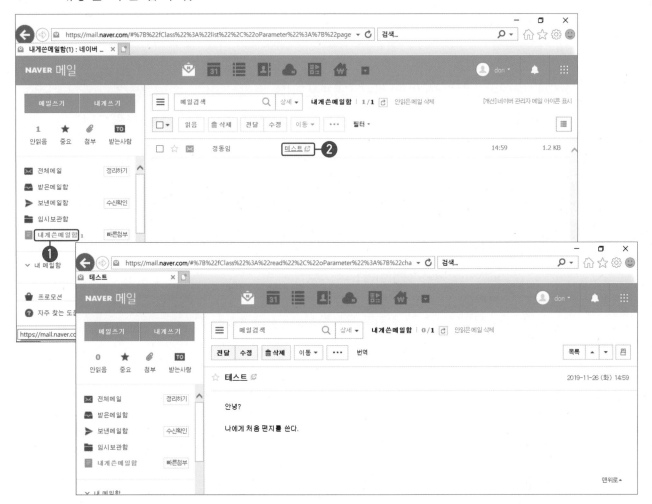

01 메일을 쓰기 위해 **[메일쓰기]를 클릭**한 후 [받는사람]에 메일을 받을 사람의 **이메일 주소를 입력**합니다. 다음처럼 여러 명에게 메일을 보낼 경우에는 메일 주소를 입력하고 Enter 키를 누르는 과정을 반복합니다. 이후 **[개인별]에 체크** 한 후, **[제목]과 [내용]을 입력**합니다.

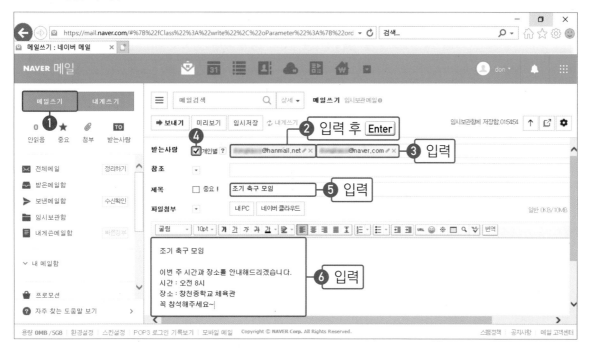

02 내용의 '조기 축구 모임'을 드래그하여 블록 지정한 후 도구 모음 중 **[글꼴]은 '돋움', [글자 크기]는 '12pt', 가(굵게), 가 (글자색)의 ▼를 클릭하여 [#009e25]로 설정**합니다.

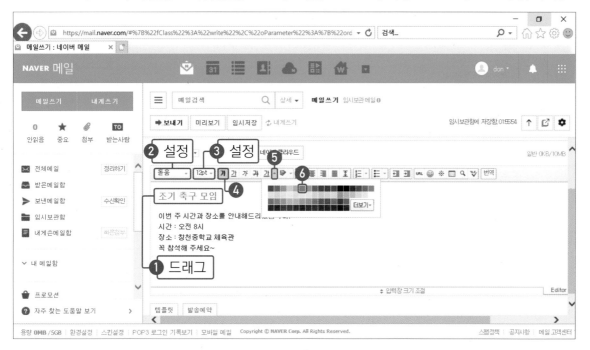

03 '참석해주세요~' 다음을 클릭하여 커서를 위치하고 도구 모음 중 ☺(이모티콘)을 클릭하여 [표정] 탭의 [좋아( )]를 클릭합니다. Enter 키를 누릅니다.

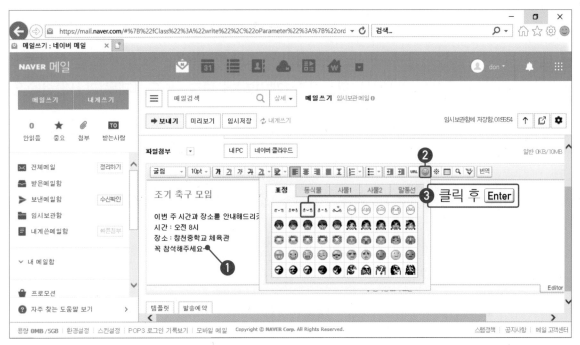

04 장소의 지도를 삽입하기 위해 도구 모음 중 ◉(지도첨부)를 클릭합니다.

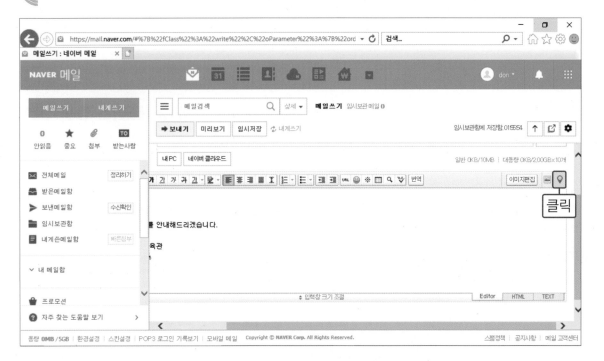

05 검색란에 **장소 이름을 입력**하고 **[검색] 버튼을 클릭**합니다. 관련 목록이 나타나면 표시할 장소를 클릭한 후 [다음] 버튼을 클릭합니다.

06 선택한 장소의 지도가 사각형 영역으로 나타나고, 해당 장소에 핀표시가 나타납니다. **핀표시를 클릭**하고 왼쪽에서 원하는 **핀 종류를 선택**합니다. 장소 텍스트의 **[서체]를 '바탕', 가(굵게), ■(글자색)은 [#771fb8]를 선택**합니다. [다음] 버튼을 클릭합니다.

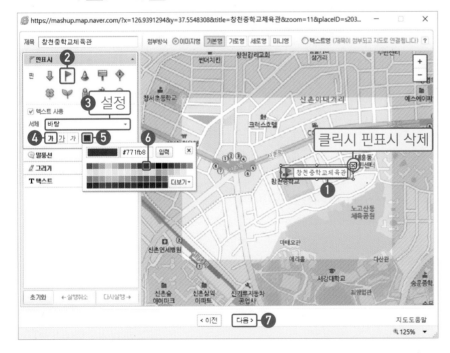

07 삽입할 지도 창이 나타납니다. 지도를 확인한 후 **[저장]** 버튼을 클릭합니다.

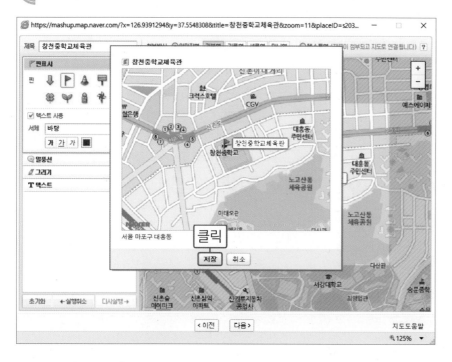

08 지도가 메일의 내용 창에 삽입되었습니다. **[보내기]** 버튼을 클릭하여 메일을 전송합니다.

09 '메일을 성공적으로 보냈습니다.'라는 메시지가 나타납니다. 왼쪽에서 [보낸메일함]의 **[수신확인] 버튼을 클릭**합니다.

10 메일 목록의 ▾를 **클릭**하면 누가 보낸 메일을 읽었는지 읽지 않았는지 확인할 수 있습니다. 아직 읽지 않은 메일의 [발송취소]를 클릭하면 메일의 발송이 취소됩니다.

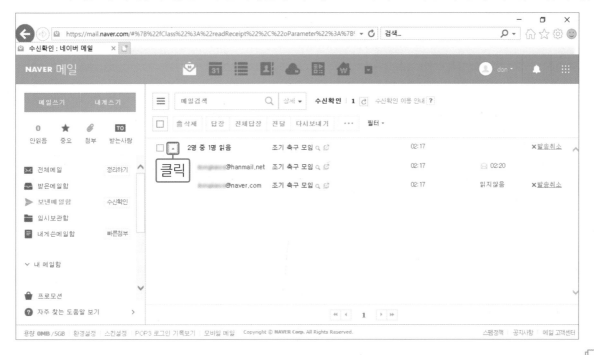

발송 취소

발송 취소 기능은 naver 도메인 주소를 사용하는 메일끼리만 사용이 가능합니다. 다른 도메인 주소를 사용하는 메일 주소로 메일을 보냈을 경우에는 발송 취소 기능을 사용할 수 없습니다.

파일 첨부하여 메일 보내기

01 [내게쓰기]를 클릭합니다. 파일을 첨부하기 위해 [내 PC]를 클릭하고, [업로드할 파일 선택] 대화상자가 나타나면 **첨부할 파일을 선택**한 후 [열기] 버튼을 클릭합니다.

네이버 클라우드

네이버에서 운영하는 웹하드 서비스입니다. 기본 30GB를 무료로 제공해주고 있어서 개인용 파일 및 사진 등을 보관하고 관리할 수 있습니다. 네이버 계정을 로그인하면 사용할 수 있습니다.

02 파일첨부 목록에 추가된 것을 확인한 후 [저장] 버튼을 클릭합니다.

01 [받은메일함]을 클릭하고, 메일 목록에서 새로 받은 **편지 제목을 클릭**합니다.

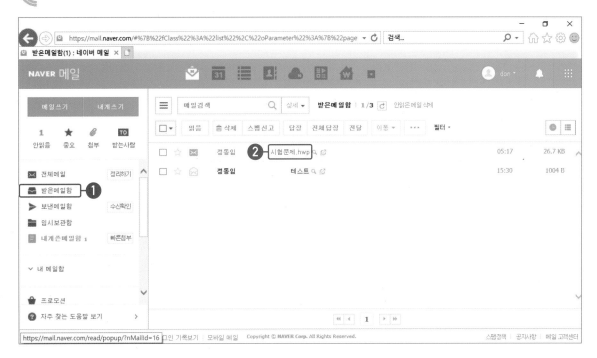

02 일반 첨부파일 1개가 있습니다. 내 PC에 다운로드하기 위해 ⬇를 **클릭**합니다.

조금 더 배우기

☁를 클릭하면 첨부파일을 네이버 클라우드에 다운로드할 수 있습니다.

03 첨부 파일을 열거나 저장하겠냐는 창이 하단에 나타나면 **[저장] 버튼을 클릭**합니다.

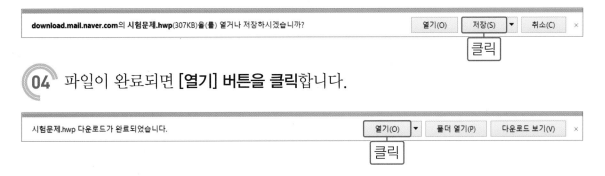

04 파일이 완료되면 **[열기] 버튼을 클릭**합니다.

시험문제.hwp 다운로드가 완료되었습니다.   열기(O) ▼ | 폴더 열기(P) | 다운로드 보기(V) ×

클릭

05 해당 파일과 연결된 프로그램이 실행되고 파일을 볼 수 있습니다.

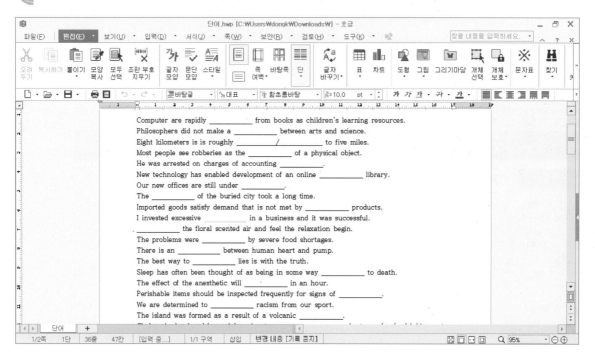

메일 삭제하고 휴지통 비우기

01 [받은메일함]을 클릭한 후 □▾를 체크하여 모든 메일에 체크 표시가 되면 [삭제] 버튼을
클릭합니다.

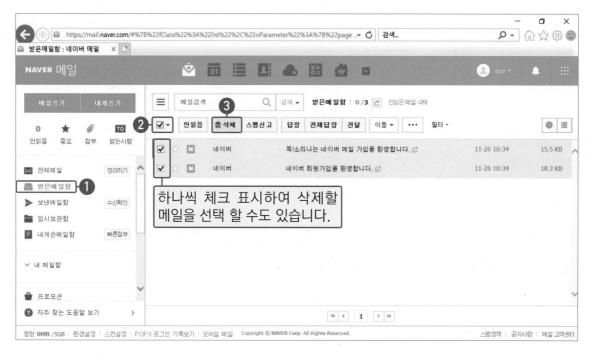

02 삭제한 파일을 휴지통에서 확인하기 위해 왼쪽에서 **휴지통을 클릭**합니다. 휴지통 안에는 [받은메일함]에서 삭제된 파일이 있습니다. **영구 삭제할 파일에 체크**한 후 **[영구삭제] 버튼을 클릭**합니다. '휴지통의 메일을 지우면 지워진 메일은 복구할 수 없습니다.'라는 메시지 창에 **[확인] 버튼을 클릭**하여 영구 삭제합니다.

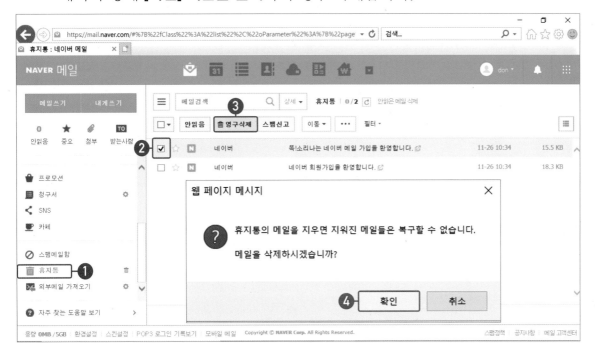

03 휴지통에 있는 파일을 모두 영구 삭제하기 위해 🗑(**휴지통 비우기)를 클릭**합니다. '휴지통을 비우시겠습니까?'라는 메시지 창에 **[확인] 버튼을 클릭**합니다.

다른 메일함으로 이동

메일 중에는 삭제되면 안 되는 중요한 메일이나, 메일을 분류해서 모아두어야 하는 경우가 있습니다. 이럴 때는 메일함을 사용하는데, 뜻하지 않게 분류가 되지 않았다던가, 삭제해서는 안 되는 메일을 삭제할 경우도 있습니다. 이럴 때는 [이동]을 사용해서 메일을 다른 메일함으로 이동할 수 있습니다.

❶ 휴지통에서 다시 메일함으로 이동할 메일을 메일 목록에서 체크한 후 [이동] 버튼을 클릭하고, 이동할 메일함인 [받은메일함]을 선택한 후 [이동] 버튼을 클릭합니다.

❷ [받은메일함]을 클릭하면 휴지통에서 선택한 메일이 이동해 있습니다.

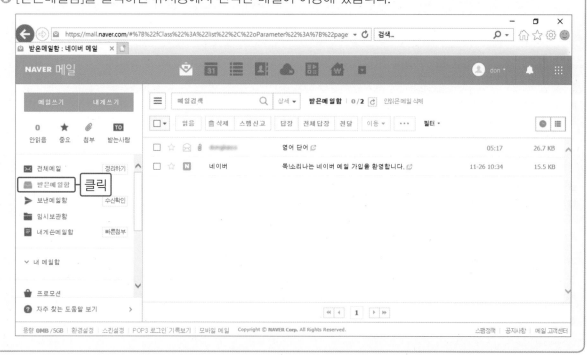

1 다음처럼 장소의 지도를 삽입한 이메일을 작성해 봅니다.

> • 장소 : 강남역 5번 출구
> • 연두색 말풍선 삽입 : '토요일 오후 6시' 입력

2 문제 [1]에서 만든 메일에 다음과 같이 글자를 꾸미고, 이모티콘을 추가하여 꾸민 후, 메일을 미리보기로 확인한 후 메일을 보내 봅니다.

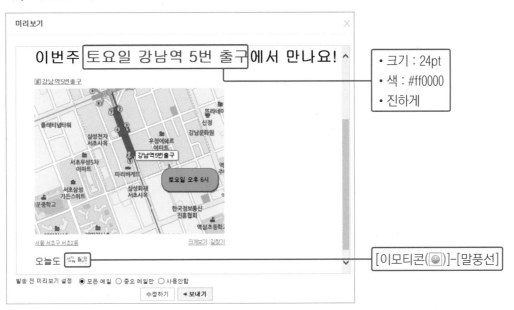

• 크기 : 24pt
• 색 : #ff0000
• 진하게

[이모티콘(◉)]-[말풍선]

> 미리보기를 하면 상대방이 받아볼 메일을 미리 볼 수 있습니다.

05 인터넷에서 뉴스랑 TV를?

학습 포인트

- 네이버 뉴스 보기
- 네이버 뉴스 듣기
- 네이버 뉴스 댓글 달기
- 네이버 뉴스 공유

- 유튜브에서 실시간 tv 보기

이번 장에서는 실시간으로 업데이트 되는 뉴스 기사를 찾아서 읽어보고, 기사를 음성으로 들어보겠습니다. 또한 뉴스 기사에 댓글을 달아보고, 메신저로 뉴스를 공유해 보도록 하겠습니다.

Step 01 네이버 뉴스

네이버 뉴스 : 정치, 경제, 사회, 생활/문화, 세계, IT/과학 등 언론사별, 분야별 뉴스 기사 제공 뿐 아니라 최근 가장 많이 본 뉴스와 분야별 클릭 수, 댓글 수가 많은 상위의 기사만 모아볼 수 있는 랭킹 뉴스 기능도 제공되고 있습니다.

① **요약봇** : 자동 추출 기능으로 긴 기사를 요약해서 보여줍니다. 그러나 아직 베타 버전이라서 주요 내용을 제외될 수도 있습니다.

② **글꼴 설정** : 글자 크기와 글꼴을 설정할 수 있어서 사용자에 맞게 설정한 후 기사를 읽을 수 있습니다.

③ **인쇄** : 기사를 인쇄하기 편하도록 A4용지 규격으로 보여줍니다. 또한 광고가 사라집니다.

④ **공유** : 네이버 뉴스 기사는 블로그, 카페, 밴드, 라인 등으로 기사의 대표 이미지와 제목이 링크되어 공유됩니다. URL을 복사하여 메일이나 메신저로 기사를 보낼 수도 있습니다.

당신(You)과 브라운관(Tube, 텔레비전)이라는 단어의 합성어로, 구글이 운영하는 세계 최대의 동영상 사이트(http://www.youtube.com)입니다. 사용자는 동영상 시청만이 아니라 직접 업로드 할 수도 있습니다. 유튜브의 대부분의 동영상은 회원 가입을 하지 않아도 볼 수 있지만, 동영상을 게시할 때는 반드시 회원 가입을 해야 합니다. 유튜버(Youtuber)는 유튜브에 동영상을 업로드하는 사람을 의미합니다.

02 │ 실력 다듬기　　네이버로 뉴스 읽고, 방송은 유튜브로 보기

● ● ● ●
Step 01　최신 뉴스 찾아보기

01 네이버 사이트의 카테고리 중 **[뉴스]**를 클릭합니다.

네이버 뉴스

네이버 뉴스에서는 언론사가 직접 편집한 뉴스와 AI 알고리즘에 기반한 자동 추천 뉴스를 제공하고 있습니다. 각 분야의 정보를 실시간으로 빠르고 정확하게 전달합니다.

02 네이버 뉴스는 각 분야별 카테고리로 묶여 있습니다. 실시간 뉴스를 보기 위해 **[속보]**를 클릭합니다.

03 인터넷이기 때문에 실시간 속보 뉴스가 업데이트 됩니다. 신문에 게재된 기사만 보기 위해 **[신문게재기사만]**을 클릭합니다.

04 신문에 게재된 속보 기사만 검색됩니다. **기사를 클릭**합니다.

05 신문 뉴스 기사를 스크롤을 내리면서 읽어봅니다.

01 뉴스 본문을 듣기 위해 [설정]을 클릭한 후 **목소리는 '여성'을, 빠르기는 '느림'을 선택**하고 [확인] 버튼을 클릭합니다.

02 [본문듣기] 버튼을 클릭합니다. 기사를 설정한 목소리로 뉴스를 들려줍니다.

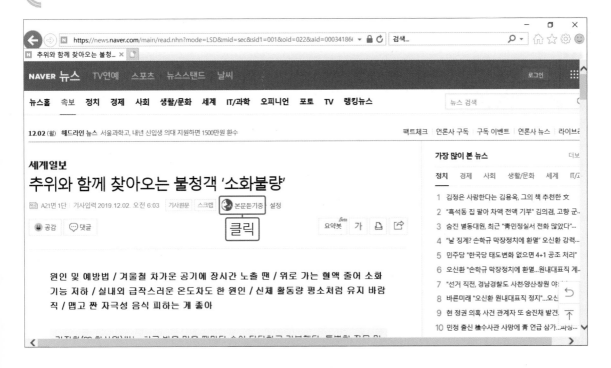

01 댓글을 보기 위해 기사를 **아래로 드래그**합니다.

02 댓글 입력창 안에 '댓글을 작성하려면 네이버로 로그인 해주세요'에서 **'로그인'**을 클릭합니다.

03 네이버에 로그인된 후 화면에서 **아이디와 비밀번호를 입력**한 후 **[로그인] 버튼을 클릭**하여 로그인합니다.

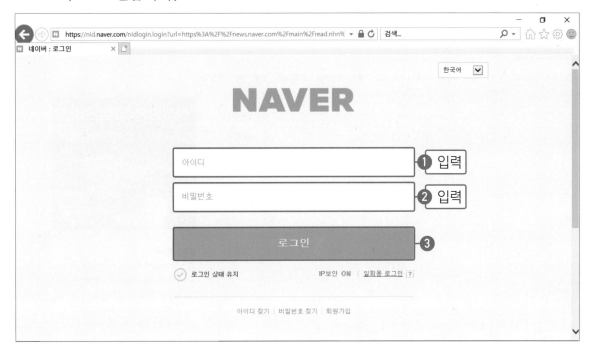

04 댓글 입력창에 **내용을 입력**하고 **[등록] 버튼을 클릭**합니다.

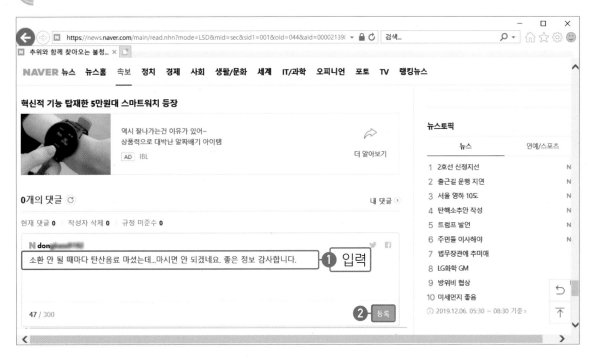

공감 비공감 표시하기

댓글에 공감하면 👍를 클릭하고, 비공감 댓글에는 👎를 클릭합니다.

05 내가 쓴 댓글을 삭제하려면 내 댓글의 ⋮를 클릭하고 **[삭제]**를 클릭합니다. '댓글을 삭제하시겠습니까?'라는 메시지 창에 **[확인]** 버튼을 클릭합니다.

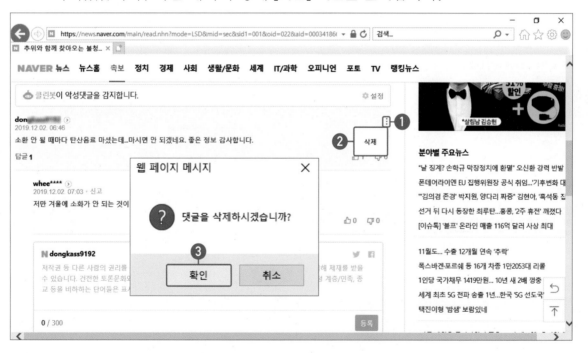

06 작성자에 의해 삭제된 댓글이라고 표시됩니다.

Step 04 뉴스 기사 공유하기

01 지금 보고 있는 뉴스 기사를 다른 사람에게 공유하기 위해 ⬛(보내기)를 클릭합니다.

02 블로그, 메일, 밴드, 트위터, 페이스북, 카카오톡 등에 기사를 공유할 수 있습니다. 공유하고자 하는 앱의 아이콘을 클릭한 후 네이버에서 제공하는 SNS가 아닐 경우 해당 앱의 계정으로 로그인 후 진행합니다. 여기서는 **[메일]**을 클릭합니다.

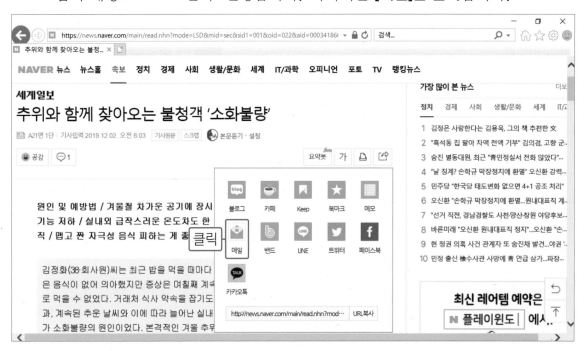

03 공유 시 기사의 전체 내용이 복사되는 것은 아니며, 링크와 대표이미지 형식으로 제공됩니다. 받는 사람의 **이메일 주소를 입력**하고, **제목과 내용을 입력**한 후 **[보내기]** 버튼을 **클릭**합니다.

04 상대방에게 기사의 링크가 포함된 메일이 전송되었습니다.

유튜브로 실시간 TV 방송 보기

01 네이버 사이트의 검색란에 '**유튜브**'라고 **입력**한 후 버튼을 클릭합니다. 검색 목록에서 '**YouTube**' 사이트를 클릭합니다.

02 'YouTube' 사이트가 열립니다. 검색란에 '**실시간tv**'라고 **입력**한 후 버튼을 클릭합니다.

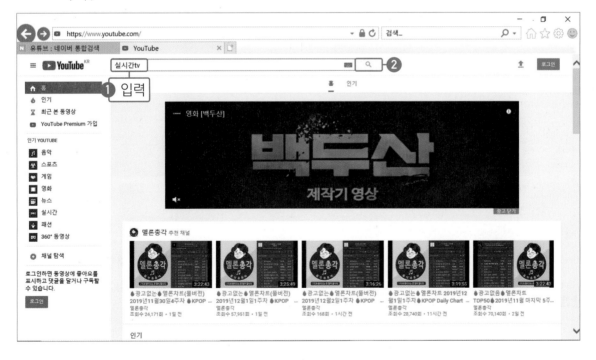

03 실시간으로 방송되는 방송사가 검색됩니다. 'KBS News'를 클릭합니다.

공감 비공감 표시하기

[구독] 버튼을 클릭하면 다시 검색하지 않아도 채널에 찾아갈 수 있으며, 새로운 영상이 업로드 될 때마다 영상이 추가되거나, 해당 채널과 유사한 영상이 자동으로 추천됩니다.

04 'KBS News' 채널이 열립니다. [실시간 스트리밍 중]이라는 영상에 동시 시청자 수도 표시되어 있습니다. 시청하기 위해서 **영상을 클릭**합니다.

05 영상 전에 광고가 나올 경우에는 광고가 진행된 후 영상이 재생됩니다. 오른쪽에는 동시 접속자끼리 대화를 나누는 채팅창을 볼 수 있습니다.

유튜브 실시간 채팅창

유튜브에 구글 계정으로 로그인하면 실시간 채팅 창에서 의견을 나누면서 tv를 볼 수 있습니다.

06 영상 위에 마우스를 가져가서 영상을 전체 화면으로 보기 위해 ⊞(전체화면)을 클릭합니다.

07 전체 화면으로 실시간 tv를 봅니다. 전체화면을 종료하려면 화면에 마우스를 가져가서 🔳(전체화면 종료)를 클릭합니다.

08 영상이 이전 화면으로 되돌아옵니다.

1 네이버 뉴스에서 언론사 뉴스 중 '경향신문'을 요약형으로 검색해 봅니다.

2 네이버 뉴스의 'IT/과학' 분야에서 오늘 가장 많이 본 뉴스를 찾아서 다음처럼 설정하여 음성 듣기를 해 봅니다.

> • 목소리 : 남성
> • 빠르기 : 보통

3 네이버 뉴스에서 오늘 10대가 가장 많이 읽은 뉴스를 찾아서 메일로 친구에게 공유해 봅니다.

4 유튜브에서 2019년 12월 1일 JTBC 뉴스룸을 다시 보기로 시청해 봅니다.

우리집이 복덕방

학습 포인트

- 실거래가 알아보기
- 아파트 매물 찾기
- 편의 시설 찾기
- 청약 정보 찾기

이번 장에서는 국토 교통부 실거래가 공개시스템을 통해 부동산 실거래가를 조사하는 방법에 대하여 알아보겠습니다, 이사를 계획하고 있다면 부동산 매물이나 분양 정보를 찾아보고, 매물 주변의 편의 시설을 찾는 방법에 대하여 알아보도록 하겠습니다.

미리보기

네이버 사이트의 검색란에 '단위'라고 입력한 후 🔍 버튼을 클릭하면 네이버의 단위변환이 나타납니다. 위쪽에서 변환 단위를 선택한 후, 아래쪽에서 변환할 단위를 선택하고 변환할 숫자를 입력하면 수치를 구할 수 있습니다.

네이버 도구모음

네이버 사이트에서 계산기, 단위 등을 검색하면 오른쪽에 네이버 도구모음이 나타납니다. 네이버에서 제공하는 도구모음 중 하나를 클릭하고 원하는 도구를 클릭합니다. 그러면 도구를 사용하여 값을 구할 수 있습니다. 도구의 ★를 클릭하면 [내 도구]에 즐겨찾기로 등록되어 사용할 수 있습니다.

Step 01 실거래가 알아보기

01 네이버 사이트의 검색란에 **'실거래가'**를 **입력**하고 🔍 **버튼을 클릭**하여 검색한 후 검색 목록 중 **'국토교통부 실거래가 공개시스템'**을 클릭합니다.

02 국토교통부 실거래가 공개시스템 사이트에 접속되면 아래쪽에 팝업 차단 창이 나타나면 ☒를 **클릭**하여 닫습니다.

> **팝업 차단**
>
> 인터넷 사이트에 접속하면 팝업 차단이 기본으로 설정되어 있습니다. 팝업 창은 사이트 접속을 느리게 하고 오류가 나곤 합니다.

03 아파트의 실거래가를 알기 위해 상단 메뉴 중 **[아파트]**를 **클릭**합니다. 왼쪽에서 **기준년도, 주소구분, 시도, 시군구 읍면동**을 설정하고 **[검색] 버튼**을 **클릭**합니다.

04 쪽 검색 아래에 검색 결과가 표시됩니다. 오른쪽의 지도에도 해당 연도에 실거래가 있던 아파트가 표시되고, 지번이 같은 곳에 여러 곳이 있는 경우에는 숫자로 표시됩니다. 지도에서 실거래가를 확인하고 싶은 **아파트를 클릭**합니다.

05 해당 아파트에 대한 상세정보 창이 나타납니다. 매매의 실거래를 확인하려면 **[매매] 탭을 클릭**합니다. 설정한 연도별, 월별 아파트의 전용면적, 계약일, 거래금액, 층, 건축년도 등을 확인할 수 있습니다. 실거래가의 흐름을 확인하려면 **[차트] 버튼을 클릭**합니다.

상세보기 창에서 [전월세] 탭을 클릭하면 전월세의 실거래가도 확인할 수 있습니다. 전용면적, 계약일, 보증금, 월세금액까지 알 수 있습니다.

06 차트 창이 표시됩니다. '년도'를 클릭하여 다른 년도의 실거래를 확인할 수도 있고, '면적'을 클릭하여 다른 면적의 거래가도 차트로 확인할 수 있습니다. 매매가뿐만 아니라 해당 년도에 전월세 거래가 있었을 경우 차트에서 같이 확인 가능합니다.

Step 02 매물 알아보기

01 네이버 사이트에서 '**네이버 부동산**'이라고 **입력**한 후 [검색] **버튼을 클릭**합니다. 검색 목록 중 '**네이버 부동산**'을 클릭합니다.

02 네이버 부동산 홈이 열리면 상단에서 [아파트 · 오피스텔]이 선택되어 있는지 확인 후 지도 상단의 **'서울시'를 클릭**해 검색하고 싶은 지역인 **'세종시'를 선택**합니다.

03 지도에 선택한 지역인 세종시의 지도가 나타납니다. 세종시의 읍면동을 설정하기 위해 지도 위의 지역 설정바에서 **[읍/면/동]을 클릭**하고 **[고운동]을 선택**합니다.

04 해당 지역의 아파트 단지 목록이 가나다순으로 나열되었습니다. 아파트의 매매, 전세, 월세 수를 확인할 수 있습니다. **아파트 단지를 클릭**합니다.

05 최근 매매 실거래가, 매매가, 전세가를 볼 수 있는 '매물 목록'과 클릭한 아파트 단지에 대한 정보가 나타납니다. 지도에서 찾아 보기 위해 단지 정보 창의 ×를 **클릭**합니다.

06 왼쪽의 해당 단지의 매물 목록 창에서 **[전체거래방식]**은 '**매매**'로, **[전체면적]**은 '**평**' 버튼을
클릭한 후 '**33평**'에 **체크**합니다. 해당 단지의 33평 매매 매물 목록만 나타납니다. 더 자
세히 매물 위치를 보기 위해 지도에서 **[+] 버튼을 클릭**합니다.

> 같은 방법으로 상단의 [매물 종류]를 선택하고, [전체거래방식], [전체면적] 등을 설정하여 아파트 외에 빌
> 라, 원룸, 상가 등의 매물도 알아볼 수 있습니다.

07 지도가 확대되어서 해당 단지의 각 동의 위치와 매매 매물 수를 확인할 수 있습니다. 자
세히 확인하기 위해 **[전체동]을 클릭**한 후 '**동**'을 **클릭**하면 왼쪽의 매물 목록에 해당 '**동**'이
매물 목록에 나타납니다.

08 지도의 우측 메뉴의 **[편의]–[버스정류장]을 클릭**하여 아파트 주변의 버스정류장을 찾아 봅니다.

Step 03 매물에 대한 자세한 정보 알아보기

01 마음에 드는 **매물을 선택**합니다. 방수나 난방 등과 같은 상세한 매물에 대한 정보가 나 타납니다.

02 **[사실/실거래가]를 클릭**합니다. [매매], [전세], [월세]등 날짜에 따른 실거래가, 상한가, 하한가가 나타납니다.

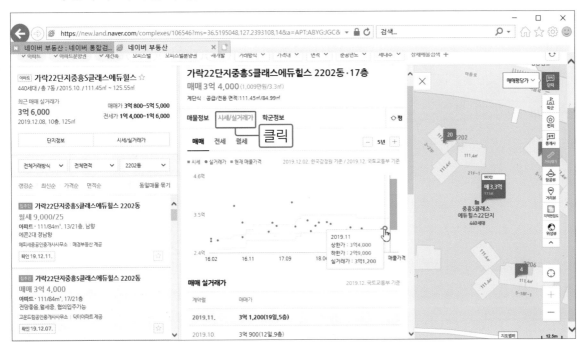

분양 정보 알아보기

01 네이버 사이트 검색란에 '**아파트투유**'라고 **입력**하고 <kbd>Q</kbd> **버튼을 클릭**합니다. 검색 목록 중 '**아파트투유 APT2you**'를 **클릭**합니다.

AhnLab Online Security등의 보안 프로그램을 설치하고, 프로그램 사용을 허용해야 사이트 이용이 가능합니다.

02 상단 메뉴 중 [청약정보]-[분양정보/경쟁률]을 클릭합니다.

03 APT 분양정보/경쟁률 페이지가 나타나면 [주택조회]에서 기간을 설정한 후, [주택구분
전체]는 '민영주택'으로, [공급지역 전체]는 '경기'로 설정한 후 [주택 조회] 버튼을 클릭합
니다.

04 설정한 기간의 경기 지역 민영 주택 아파트 분양 정보 목록이 표시됩니다. 주택명, 건설업체, 청약기간, 당첨자발표 등 자세한 정보를 볼 수 있습니다. 청약을 원하는 아파트의 청약일에 청약시도를 해 본 후 경쟁률을 확인하고 싶으면 현재 페이지에서 해당 아파트의 **[경쟁률]** 버튼을 클릭합니다.

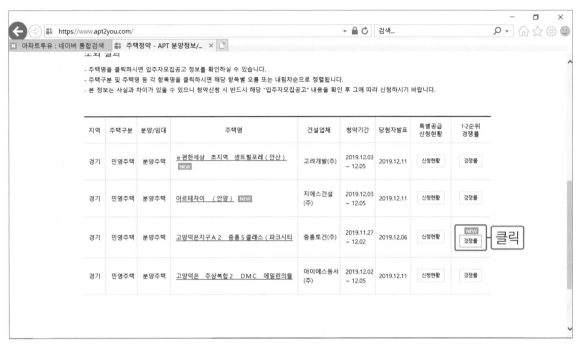

05 청약접수 경쟁률을 확인할 수 있습니다.

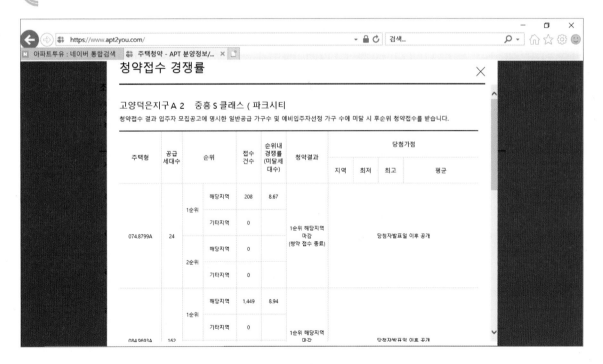

1 국토 교통부 실거래가 공개시스템에서 다음처럼 아파트 실거래가를 검색한 후 차트로 실거래가의 흐름을 파악해 봅니다.

> • 기준년도 : 2019년도   • 아파트 : 강릉시 교동 교동1주공   • 면적 : 84.84㎡

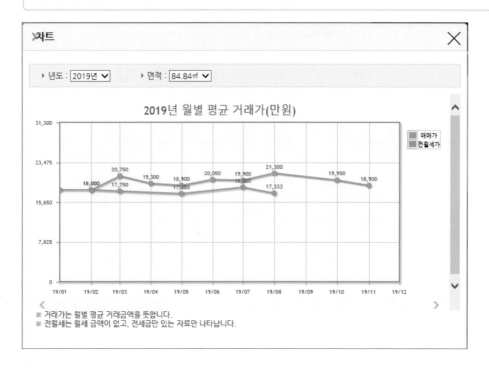

2 다음처럼 네이버 부동산에서 대구 달서구 대곡동 '대곡우방타운'의 '103동' 현재 매물만 검색해 봅니다.

> 네이버 부동산에서 검색한 아파트의 현재 매물은 검색 시기에 따라 매매가와 전세가, 매물수가 다르게 나타납니다.

3 네이버 부동산에서 다음처럼 매물을 검색해 봅니다.

- 지역 : 서울시 종로구 부암동
- 매물 종류 : 단독/다가구
- 거래방식 : 전세

4 아파트투유 사이트에서 현재 시점에서 3개월간 광주 지역의 분양 정보를 검색해 봅니다.

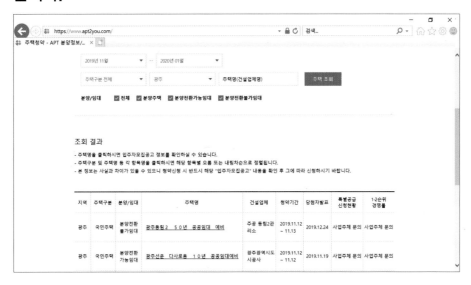

07 지도 따라 찾아가기

학습 포인트

- 네이버 지도
- 주변 시설 찾기
- 도착시간 예상하기
- 길찾기
- 버스 노선 찾기
- 지하철 노선 비교하기

이번 장에서는 꼭 필요할 때 찾을 수 없는 ATM기나 음식점을 찾는데 도움을 주는 지도에 대해서 알아보도록 하겠습니다. 네이버 지도를 사용하여 주변의 편의시설을 찾거나, 좀 더 빨리 목적지까지 방법에 대해서 알아보겠습니다.

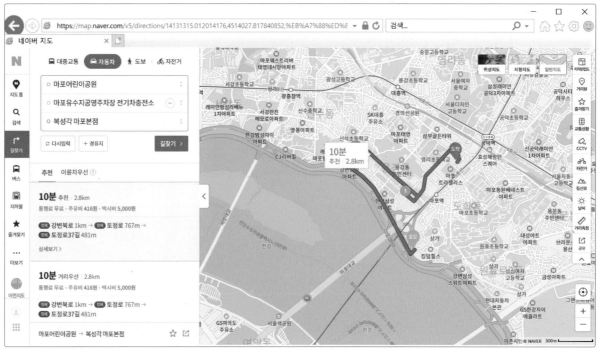

Step 01   네이버 지도

네이버 지도에서는 주변 시설 찾기, 길찾기, 실시간 교통, 대중교통 등을 알아보고, 쉽고 빠르게 목적지까지 갈 수 있도록 도와줍니다.

Step 02   네이버 지도의 화면 구성

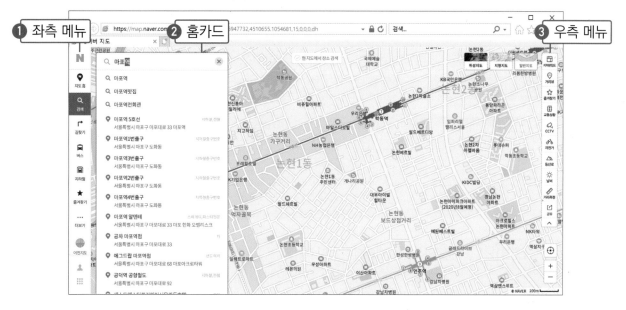

① 좌측 메뉴

지도 홈, 검색, 길찾기, 버스, 지하철, 즐겨찾기 기능이 있습니다.

② 홈 카드

- 내비게이션에서 [지도 홈] 버튼을 클릭하면 나타납니다.
- 현재 보고 있는 지도의 날씨 정보를 알려 줍니다.
- 현재 지도 위의 주변 시설을 찾을 수 있습니다.

③ 우측 메뉴

지적편집도, 거리뷰, 즐겨찾기, 교통상황, CCTV, 자전거, 등산로, 날씨, 거리측정, 공유 기능을 알기 쉽도록 표시하거나 기능을 사용할 수 있도록 도와줍니다.

> **접속 위치**
>
> 네이버 지도는 기본적으로 첫 화면은 현재 위치를 탐색하지만, PC의 기능이나 설정에 따라 현재 위치를 탐색하지 못할 수도 있습니다. 마찬가지로 ⊕를 클릭하여도 현재 위치를 탐색하지 못 할 수도 있습니다.

네이버 지도에서 버스정류장 알아보기

네이버 지도의 왼쪽 메뉴에서 [버스]를 클릭한 후 [버스] 탭에서 버스 번호를 검색합니다. 검색한 버스의 정거장을 알아보기 위해 [버스정류장] 탭을 클릭하면 주변 정거장 목록이 표시되고, 지도에 해당 버스의 정거장이 표시됩니다.

네이버 지도에서 지하철 길찾기

네이버 지도의 왼쪽 메뉴에서 [지하철]을 클릭한 후 수도권 노선을 찾기 위해 [수도권] 탭을 클릭합니다. 출발지와 도착지를 설정하면 자동으로 소요시간, 요금 등이 바로 검색됩니다.

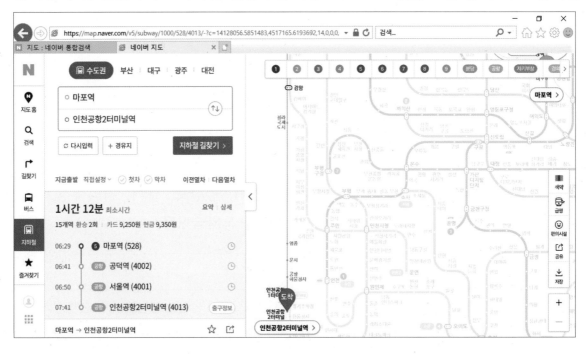

Step 01   **맛집 찾기**

01 네이버 사이트의 카테고리 중 '**지도**'를 클릭합니다.

02 '새로운 PC 지도를 소개합니다.'가 나타나면 ⊠를 클릭하여 닫습니다.

> 버튼을 클릭하면 '네이버 지도' 공식 블로그가 나타납니다.

03 홈 카드에 현재 보고있는 지도의 날씨와 주변 시설을 분류되어 있습니다. 마포역 근처의 맛집을 찾기 위해 검색창에 [**마포역**]을 입력한 후 [**마포역 5호선**]을 클릭합니다.

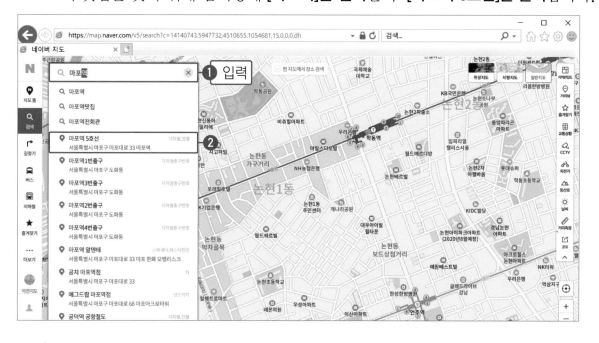

04 홈 카드에는 마포역에 대한 정보가 나타납니다. 근처의 음식점을 찾기 위해 **[주변]**을 클릭한 후, **[음식점]**을 선택합니다.

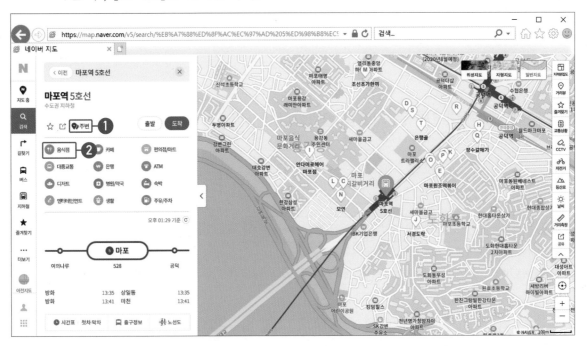

05 홈 카드에는 마포역 주변의 음식점 목록이 나타나고, 지도에는 목록에 있는 음식점이 표시됩니다. 여기서는 음식점 중 중식당만 찾기 위해 **[중식]**을 클릭합니다.

06 홈 카드에 중식당 목록이 나타납니다. 목록 중 가고 싶은 식당에 마우스를 가져가면 지도에서 해당 식당의 위치를 표시해 줍니다. **목록의 음식점을 클릭**합니다.

07 식당에 대한 상세한 정보를 볼 수 있습니다. 식당 사진, 거리뷰, 주소, 연락처, 영업 시간, 주차 정보, 메뉴판 등과 사람들이 직접 작성한 리뷰를 읽어볼 수도 있습니다.

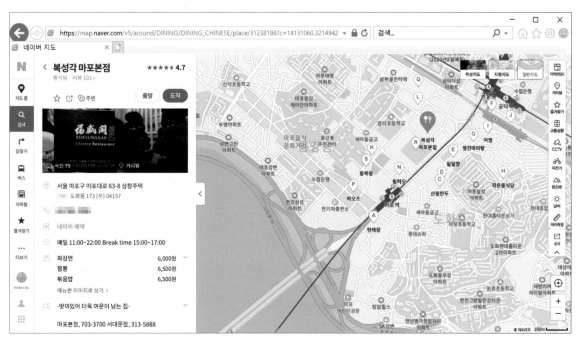

네이버 지도에서 예약하기

일부 식당은 네이버 지도에서 바로 예약을 진행 할 수 있습니다. [네이버 예약]을 클릭하여 절차에 따라 예약을 진행합니다. 네이버 계정으로 로그인 과정을 거쳐야 진행이 가능합니다.

08 자주 이용하고 싶은 곳은 즐겨찾기에 추가할 수 있습니다. **☆(즐겨찾기 추가)를 클릭하**면 로그인하지 않은 경우 로그인 안내창이 나타납니다. **[로그인] 버튼을 클릭**하여 네이버 계정으로 로그인합니다.

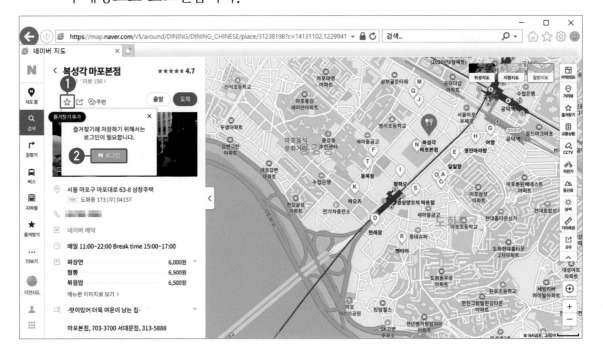

09 로그인 후 ☆(즐겨찾기 추가)를 클릭합니다. 추가할 리스트 선택 창에서 '내 장소'에 체크된 것을 확인한 후 [완료]를 클릭합니다.

10 추가한 식당의 ☆가 ★으로 변경되었고, 지도의 식당 위치에는 📍 표시가 추가되었습니다.

01 식당을 찾아가기 위해 **[도착]** 버튼을 클릭합니다.

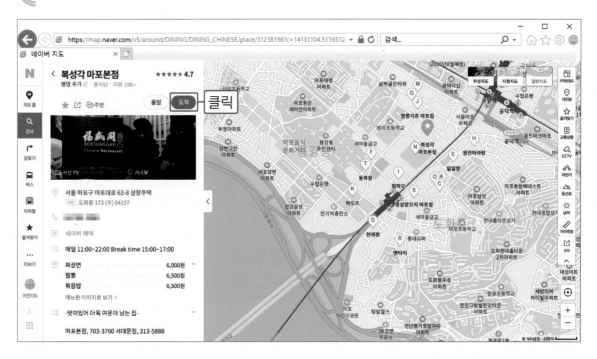

02 길찾기 창에서 나타나고 도착지란에 해당 식당이 표시되면 상단의 [대중교통]이 선택되어 있습니다. 지도에도 빨간색 도착 표시가 나타나는데, 지도에서 **출발지를 클릭**하여 설정합니다.

03 길찾기 창의 출발지가 표시되고 아래쪽으로 추천순으로 대중교통편이 목록으로 나타납니다. 최적의 교통편이 목록의 제일 상위에 있습니다. 길찾기 창에서 **[상세보기]**를 클릭합니다.

지도에서 대중교통의 경로는 연두색으로 표시되고, 출발하는 지점부터 도착 지점까지의 도보는 점선으로 표시됩니다.

04 보 시간을 포함한 소요시간과 요금, 버스 번호가 표시되고, 아래쪽에는 출발지부터 도착지까지의 경로가 표시됩니다. `<`를 클릭합니다.

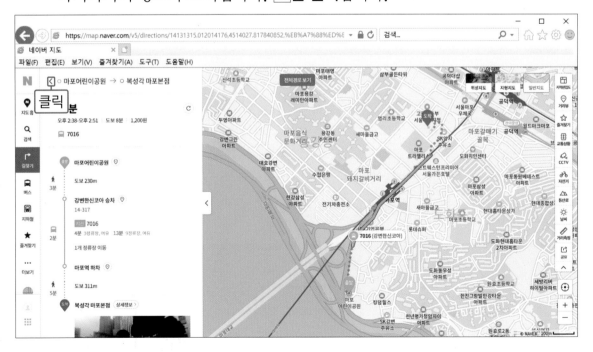

01 길찾기 창에서 교통수단을 **[자동차]를 클릭**합니다. 추천순으로 자동차 경로 목록이 나타나는데 소요시간, 통행료, 주유비, 택시비 등의 정보도 함께 표시됩니다. 추천 경로가 지도에 출발지부터 도착지까지 표시됩니다.

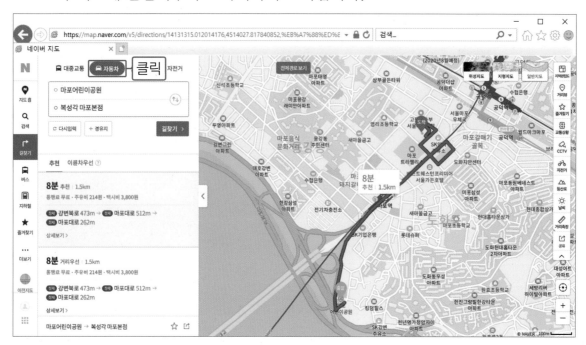

02 경유지를 추가하기 위해 **[+경유지]** 버튼을 클릭합니다. **경유지 입력란을 클릭**하고, 지도에서 **경유지를 클릭**합니다.

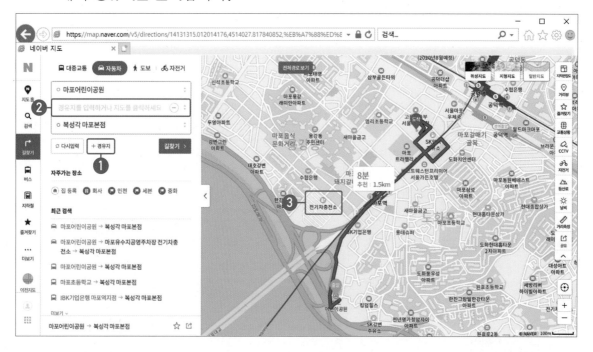

03 경유지 입력란에 경로가 추가되면서 경로와 소요 시간이 변경됩니다. 자동차 경로 목록이 추천순으로 나타납니다. 경로를 자세히 보기 위해 **[상세보기]를 클릭**합니다.

04 자동차 이동 경로를 미리 자세히 볼 수 있습니다. 우회전이나 좌회전으로 경로 변화가 있는 곳의 사진도 함께 볼 수 있습니다. **□를 클릭**합니다.

01 길찾기 창에서 **[도보]를 클릭**하여 교통 수단을 도보로 변경합니다. 추천 경로 목록이 나타나고, 지도의 경로와 소요 시간이 변경됩니다. 자동차가 아니므로 전기차충전소를 갈 필요가 없으니, 경유지 입력란의 ⊖**를 클릭**하여 경유지를 제거합니다.

02 경유지가 없어지면서 추천 목록과 소요 시간이 변경됩니다. 지도에서도 추천 경로와 소요 시간이 변경되었습니다. 추천 경로를 자세히 보기 위해 **[상세보기]를 클릭**합니다.

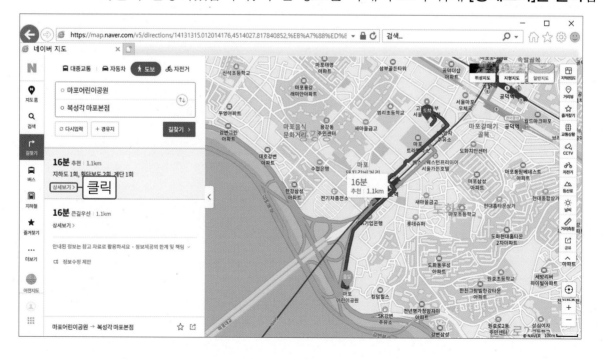

03 경로 변화가 있을 때마다 사진과 함께 보여주고, 횡단보도 횟수로 알려줍니다.

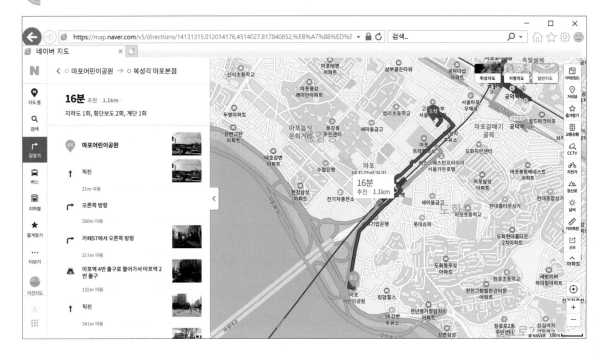

버스 찾아보기

01 여의도공원으로 가는 버스를 알아보기 위해 [버스]를 클릭한 후, [버스정류장]을 클릭합
니다. 버스 정류장 입력란에 '**여의도공원**'을 **입력**한 후, [여의도공원]을 클릭합니다.

02 여의도 공원의 버스 정류장의 번호가 나타납니다. **도착하려는 정류장을 클릭**합니다.

03 버스 정류장에 곧 도착하는 버스와 정류장에 오는 모든 버스에 대한 버스와 도착시간에 대한 정보가 나타납니다.

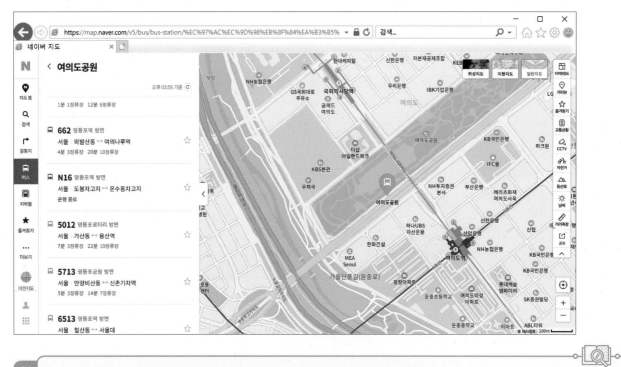

버스를 클릭하면 해당 버스의 상황과 도착시간, 자세한 경로가 나타납니다.

버스 번호를 이미 알고 있다면?

❶ 목적지의 버스 번호를 알고 있다면 [버스]를 클릭한 후 버스 번호를 입력하여 검색한 후, 타고자 하는 버스를 선택합니다.

❷ 버스가 서는 정류장에 따라 경로가 나타납니다. 정류장을 클릭하면 정류장의 위치와 버스가 도착할 예정시간이 표시됩니다.

01 지하철로 마포역에서 강남역까지 가는 지하철의 노선을 알아보기 위해 **[지하철]**을 클릭합니다. **[마포]**를 **클릭**하면 출발역에 '마포역'이 표시되고, **[강남]**을 **클릭**하면 도착역에 '강남역'이 표시됩니다.

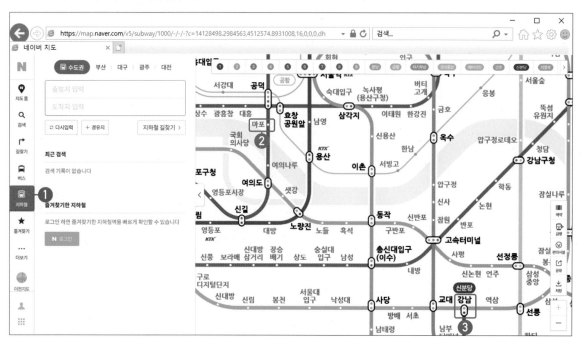

02 마포역에서 강남역까지의 최소시간 환승 구간이 나타납니다. 최소시간 환승 구간 아래의 최소환승 구간과 시간을 잘 비교할 수 있습니다.

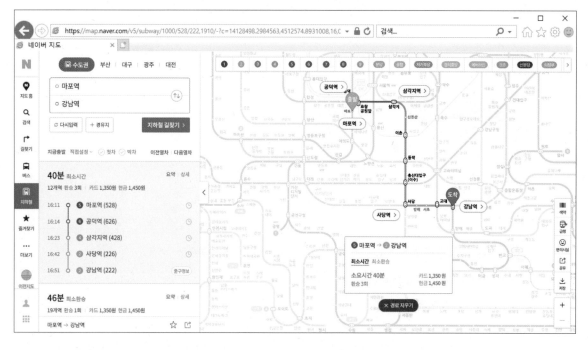

1 네이버 지도에서 경상북도에 있는 '15-123' 버스정류장을 검색해 봅니다.

2 네이버 지도에서 다음 지하철 노선을 검색한 후 최소시간으로 가려면 몇 번 환승해야 하는지 알아봅니다.

> - 부산 지하철
>   출발지 : 금사역 → 도착지 : 국제금융센터부산은행역

3 네이버 지도에서 위치를 다음처럼 설정한 후 주변 카페를 검색해 봅니다.

• 서울 마포구 도화동

4 네이버 지도에서 다음처럼 길찾기를 실행한 후 추천 경로의 택시 요금이 얼마인지 알아봅니다.

• 자동차로 길찾기
출발지 : 동대구역 → 도착지 : 팔공산케이블카

힌트! • 도착까지 걸리는 시간 아래에 예상 택시비가 나타납니다.

누구나 번역가

학습 포인트

- 네이버 사전
- 필기인식기 사용하기
- 외국어 입력기 사용하기
- 파파고로 번역하기
- 웹사이트 번역하기

네이버 사전은 어학 사전뿐만 아니라 지식백과와 파파고라는 번역기까지 서비스하고 있습니다. 어학 사전을 사용해서 모르는 단어가 있을 때 바로 네이버 사전에서 검색하거나, 파파고 번역기를 사용해 외국어를 번역할 수도 있습니다.

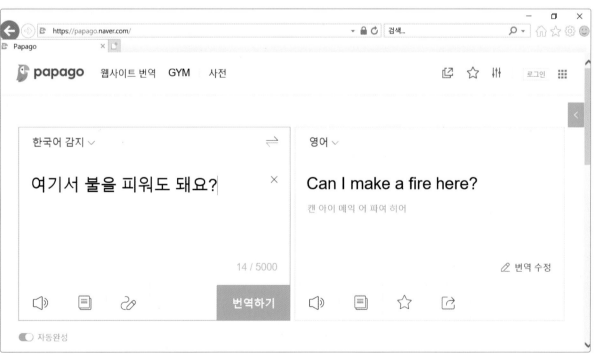

Step 01 　인터넷 번역기

포털 사이트 중 몇몇은 번역기를 제공합니다. 대표적인 번역기로는 '네이버 파파고'와 '구글 번역'이 있습니다. 이를 사용하면 손쉽게 외국어를 읽거나 쓸 수 있습니다.

Step 02 　네이버 파파고

네이버의 무료 번역 서비스로 15개의 언어에 대한 번역 서비스를 제공하며, 자동완성 기능이 있어 언어를 감지한 후 설정한 언어로 실시간으로 번역합니다. '웹사이트 번역'을 통하여 웹 사이트 전체를 번역할 수도 있으며, 번역된 단어나 문장에 반복, 속도, 목소리 등을 설정할 수 있고, 외국어 발음을 한글로 보여주는 기능도 있습니다.

> 알아두기
>
> 파파고는 네이버의 어학 사전을 기반으로 번역을 진행하고 있습니다. 문장을 번역한 후, 페이지 하단에 사용할 단어를 확인 할 수 있습니다.
>
> **내일** [来日]
> 1. (오늘의 다음 날) tomorrow　2. (장래, 미래) tomorrow, future
> **날씨**
> 1. weather
> **어떻다**
> 1. (성질·모양·상태가) be how, be like what　2. (권유)
> 3. (지정해 말하여) be somehow, be a certain way
>
> **weather** [ˈweðə(r)]
> 1. 날씨, 기상, 일기　2. 일기 예보, 기상 통보　3. 햇빛에 변하다
> 4. (역경 등을) 무사히 헤쳐 나가다
> **the**
> 1. 그, 예의, 문제의　2. 특출한, 으뜸가는, 두드러진, 전형적인
> **THE**
> 1. tetrahydrofuran

구글의 무료 서비스로 100개 이상의 국가의 번역 서비스를 제공합니다. 입력창에 단어, 문장, 웹사이트의 주소를 입력하면 설정한 언어로 번역해 줍니다. 또한 문서를 불러와서 번역하는 기능이 있습니다. 손글씨 입력, 듣기 기능, 번역 복사, 저장, 즐겨찾기, 공유 기능 등이 있습니다.

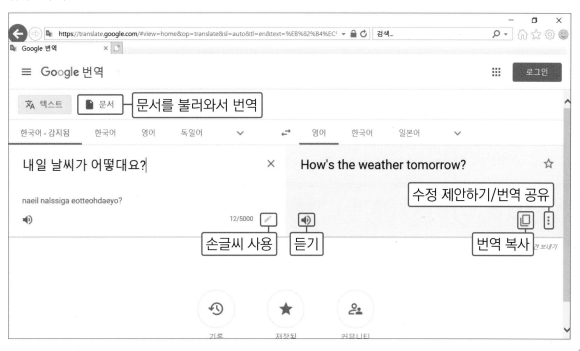

구글 크롬을 사용하는 중에 외국 사이트를 방문 할 경우 '이 페이지를 번역하시겠습니까?'에 [번역] 버튼을 클릭하여 간단하게 페이지 번역을 사용할 수 있습니다.

Step 01 국어 사전에서 모르는 단어 찾아보기

01 네이버 사이트의 카테고리 중 **[사전]**을 클릭합니다.

02 모르는 단어를 찾아보기 위해 어학사전의 검색란에 **'온새미로'**를 입력한 후 🔍 버튼을 클릭합니다.

03 '온새미로'는 국어사전에서 '가르거나 쪼개지 않고 생긴 그대로'라고 검색됩니다. 영어 사전, 스페인어 사전 등에서도 찾아줍니다. 국어사전의 **'온새미로'를 클릭**합니다.

04 새 탭이 열리며 '온새미로'의 뜻과 형태, 예문 등을 통해 어떻게 쓰이는지도 알 수 있습니다. 탭의 ☒**를 클릭**하여 탭을 닫습니다.

01 [사전]을 클릭하여 네이버 사전 홈으로 돌아간 후, 어학사전 중 [영어]를 클릭합니다. 검 색란에 'exhibition'를 입력한 후 🔍 버튼을 클릭합니다.

02 'exhibition'의 뜻이 검색됩니다. 🔊를 클릭하여 영어식 발음과 미국식 발음의 차이를 확인해 봅니다.

01 [사전]을 클릭하여 네이버 사전 홈으로 돌아간 후, 어학사전 중 [한자]를 클릭합니다. 네이버 사전 홈에서 어학사전의 검색란에 [필기인식기]를 클릭합니다.

02 '마우스로 한자를 쓰세요'에 **마우스로 드래그하여 '刀'를 그립니다.** 오른쪽에 마우스로 그린 한자와 유사한 한자들이 검색됩니다. 그 중 **'刀'를 클릭**하고 🔍를 클릭합니다.

03 한자 사전에서 '刀'의 뜻을 확인한 후 상단에서 **[사전]**을 **클릭**하여 사전 홈으로 이동합니다.

Step 04   일본어 입력기로 일본어 찾기

01 어학사전 중 **[일본어]**를 **클릭**합니다. 어학사전의 검색란에 **[필기인식기]**를 **클릭**하고 '마우스로 일본어/한자를 쓰세요'에 **마우스를 드래그하여 'あ'를 그립니다.** 오른쪽에 검색된 **일본어 중 'あ'**를 **클릭**합니다.

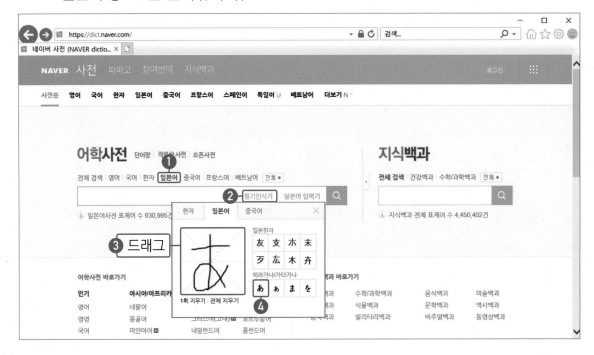

02 어학사전의 검색란에 **[일본어 입력기]**를 클릭한 후, **'ら'와 'す'를 클릭**합니다. **'あらす'**가 모두 입력되면, 🔍를 **클릭**하여 검색합니다.

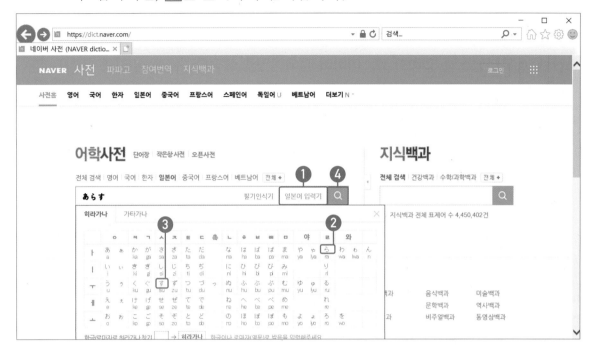

03 일본어 사전에 **'あらす'**가 검색되면 뜻을 확인한 후. **[사전]을 클릭**하여 사전 홈으로 이동합니다.

01 번역할 외국어 사이트를 찾기 위해 ⬜(새 탭)을 클릭합니다. 새 탭이 추가되면 검색에 입력란에 '**뉴욕타임스**'를 입력한 후, 네이버 검색엔진을 설정한 후 Enter 키를 누릅니다.

02 검색 결과 중 '**뉴욕타임스**'를 클릭합니다.

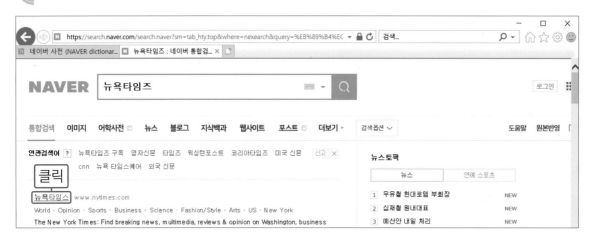

03 뉴욕타임스는 영문으로 된 신문입니다. 주소 표시줄의 **뉴욕타임스 주소를 드래그하여 블록 지정**한 후 **마우스 오른쪽 버튼을 클릭**한 후, **[복사]**를 클릭합니다.

04 [네이버 사전] 탭을 클릭한 후 상단에서 [파파고]를 클릭합니다.

05 파파고 사이트로 이동하면 **[웹사이트 번역]**을 클릭합니다.

06 웹사이트 번역의 입력란 위의 '웹 사이트 URL을 입력하세요.'에 **마우스 오른쪽 버튼을 클릭**한 후, **[붙여넣기]를 클릭**합니다. 역할 사이트의 인터넷 주소가 붙여넣기 되면, 언어 설정된 것을 확인한 후 ●를 **클릭**합니다.

07 영문으로 되었던 사이트가 통째로 한글로 번역되어 나타납니다. 한국 신문처럼 읽을 수 있습니다. 다시 영문으로 읽으려면 오른쪽 상단의 [원본]을 클릭합니다.

잠깐만요

원본과 번역을 동시에 보기

원본과 번역을 함께 보려면 상단 오른쪽의 [원본 • 번역]을 클릭합니다. 그러면 왼쪽에는 원본이 오른쪽에는 번역한 내용을 함께 볼 수 있습니다.

08 파파고를 제외한 나머지 탭을 모두 닫습니다.

Step 06 번역하기

01 상단의 [papago]를 클릭합니다.

02 왼쪽 입력란에 '여기서 불을 피워도 돼요?'라고 입력합니다. 오른쪽에서 영어로 바로 번역이 되고 번역된 영어 문장 아래에는 영어로 어떻게 읽는지 한글로 표기되어 있습니다.

파파고는 한국어가 아닌 언어가 입력될 경우 따라서 읽을 수 있도록 한국어 발음을 표시합니다.

03 오른쪽에서 **[영어]를 클릭**한 후, **[일본어]를 클릭**하여 언어를 일본어로 설정합니다.

04 이번엔 일본어로 번역됩니다. 오른쪽 창의 🔊**를 클릭**하여 일본어로 번역된 문장을 들어봅니다.

1 네이버 사전의 어학사전에서 '가시버시'를 검색해 봅니다. 프랑스 사전에서 검색 된 단어를 찾아봅니다.

2 다음 고사성어를 한자 사전에서 검색해 봅니다.

- 泣斬馬謖

3 파파고에서 다음처럼 입력한 후 영어로 번역해 봅니다.

4 파파고에서 다음 사이트를 한국어로 번역해 봅니다.

- https://time.com

무료로 책을 읽고 듣자

학습 포인트

- 네이버 e북
- 네이버에 본인 인증하기
- 네이버 에서 책 읽기
- 네이버 오디오북

종이로만 책을 보는 것이 아니라 인터넷에서 전자책을 검색하여 PC에서 책을 수 있습니다. 프로그램을 활용하면 전자책을 종이 넘기듯이 볼 수 있습니다. 또한 오디오북을 재생해 책 낭송을 들을 수도 있습니다.

전자책(Electronic book)은 디지털 형태의 책으로 모바일 기기나 전용 단말기, PC 등을 통해 볼 수 있습니다. 전자책은 종이책에 비해 휴대하기가 편하고 많은 분량을 저장할 수 있으며, 전자책의 구입은 서비스 업체에 접속하여 금액을 지불하거나 무료로 다운로드 받을 수 있습니다. PC에서는 전자책을 읽을 수 있는 프로그램을 설치하면 책을 읽을 수 있습니다.

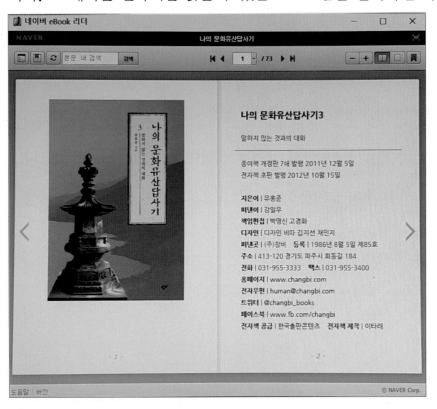

도서관에서 전자책 대여

도서관에서 일반 도서를 대여하듯이 전자책도 대여할 수 있습니다. 지역 도서관 홈페이지에서 회원 가입한 후 직접 가입한 도서관에 신분증 지참 후 방문하여 회원증을 발급 받으면 도서관 홈페이지에서 전자책을 대여할 수 있습니다.

02 | 실력 다듬기　네이버 책읽기

01 네이버 사이트의 카테고리 중 [책]을 클릭합니다.

02 네이버 책에서 e북을 보기 위해 왼쪽 상단의 [e북]을 클릭합니다.

03 e북 사이트가 열리면 오른쪽의 검색란에 평소 읽고 싶었던 책 제목을 입력합니다. 여기서는 **'나의 문화유산답사기'를 입력**하고 를 클릭합니다.

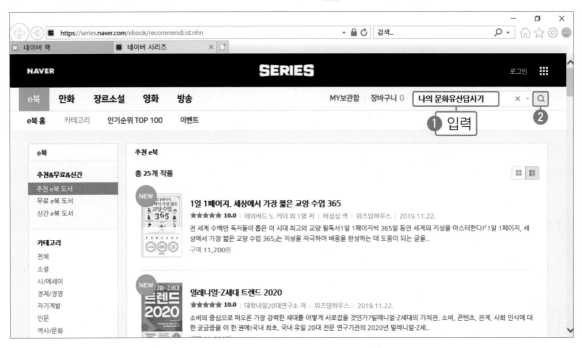

04 '나의 문화유산답사기' 책이 검색되어 나타납니다. 유료로 구매하는 도서도 있고, [Free]라고 표시되어서 무료로 제공하는 도서도 있습니다. 그 중 **무료로 서비스하는 책을 클릭**합니다.

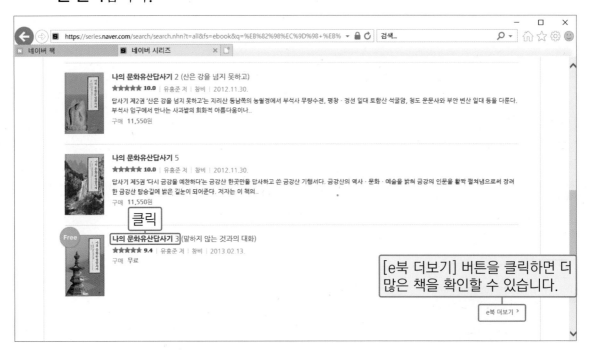

01 무료로 볼 수 있는 책의 웹 페이지가 열리면 책에 대한 정보를 볼 수 있습니다. 왼쪽 책 그림 아래에 PC가 '지원기기'에 포함되어 있는지 확인한 후 **[무료 구매]**를 클릭합니다.

PC 사용 가능 e북 검색하기

e북 사이트에서 [카테고리]–[무료 e북 도서]를 클릭하면 무료 e북 도서 목록이 검색되어 나타납니다. 검색 목록 상단의 [PC 이용 가능]에 체크하면 PC에서 사용 가능한 e북이 검색됩니다.

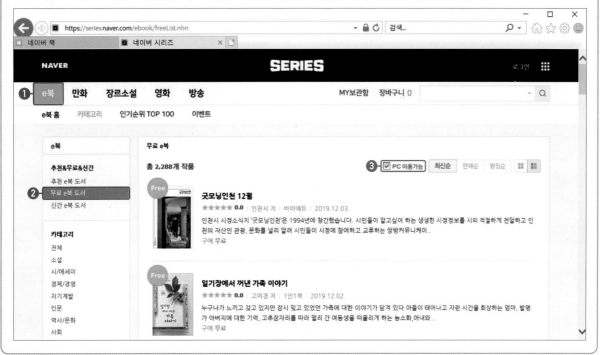

02 네이버의 로그인 화면이 나타나면 **아이디와 비밀번호를 입력**하고 **[로그인] 버튼을 클릭**합니다.

03 처음 e북 서비스를 이동할 때 네이버웹툰의 약관에 동의해야 합니다. **[동의하러 가기] 버튼을 클릭**합니다.

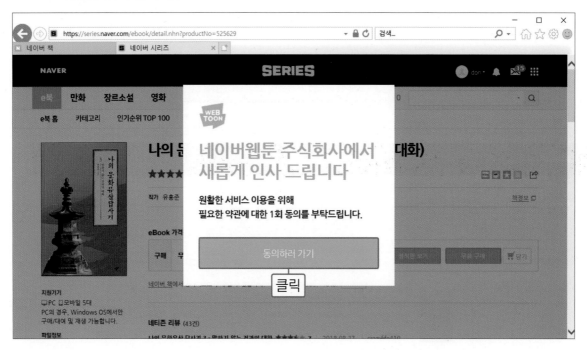

04 서비스 이용 약관에 '**이용약관, 개인정보 수집, 네이버웹툰 간 개인정보제공에 모두 동의합니다.**'에 체크한 후, [**동의**] 버튼을 클릭합니다.

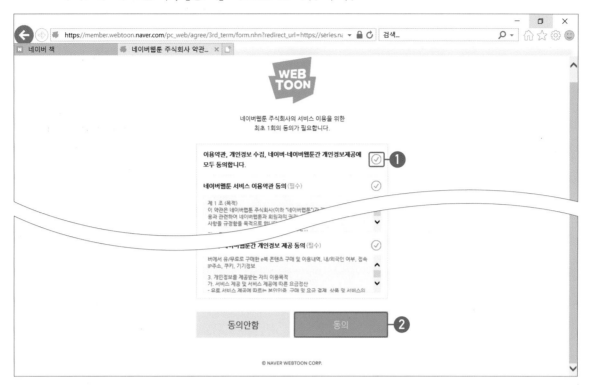

05 다시 무료로 보려고 했던 책의 웹 페이지로 돌아온 후 [**무료 구매**] 버튼을 클릭합니다.

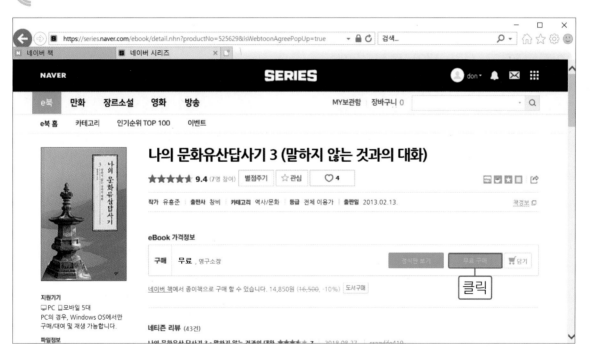

06 상품 구매를 하려면 실명확인이 필요하다는 메시지 창에 **[확인]** 버튼을 클릭합니다.

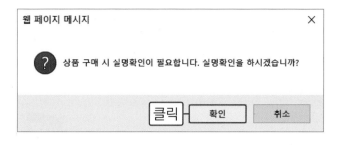

07 실명 확인하기 위해 **[휴대폰]**을 선택하고 '개인정보 수집 및 이용에 동의합니다'에 체크한 후 **[확인]** 버튼을 클릭합니다.

08 '아래 약관에 모두 동의합니다'에 체크하고, **이름, 내국인, 성별, 생일, 통신사, 전화번호를 입력**하고, **[인증]** 버튼을 클릭합니다. 인증번호 입력란에 휴대전화로 받은 인증번호를 **입력**하고 **[확인]** 버튼을 클릭합니다.

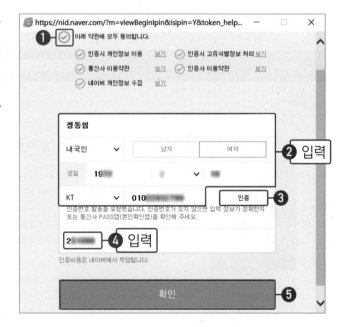

09 실명 정보가 등록되었다는 창에 [확인] 버튼을 클릭합니다.

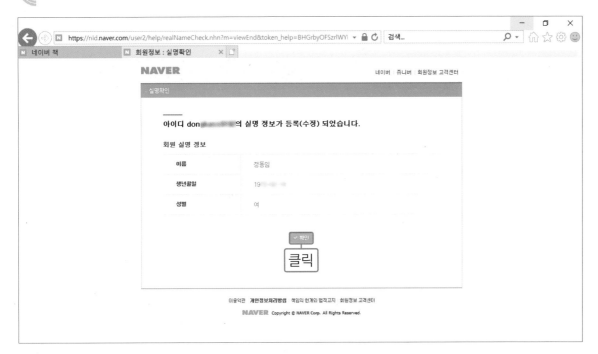

····
Step 02 네이버 eBook 리더(뷰어) 설치하기

01 다시 무료로 보려고 했던 책의 웹 페이지로 돌아온 후 [무료 구매] 버튼을 클릭하면 팝업 차단 창이 아래에 나타납니다. [이 사이트의 옵션]–[항상 허용]을 클릭합니다.

02 팝업 창이 허용되면 다시 [보기] 버튼을 클릭합니다.

03 e북을 읽으려면 네이버에서 제공하는 리더(뷰어) 프로그램을 설치해야 합니다. 네이버 eBook 리더(뷰어) 설치 안내 창에 [eBook 리더 다운로드] 버튼을 클릭합니다. 설치 파일 창이 나타나면 [실행] 버튼을 클릭합니다.

04 네이버 eBook 리더 설치를
시작한다는 창에 **[다음] 버튼**
을 클릭합니다.

05 사용권 계약 창에 **[동의함]**
버튼을 클릭합니다. 네이버
eBook 리더와 보안 프로그
램이 설치 됩니다.

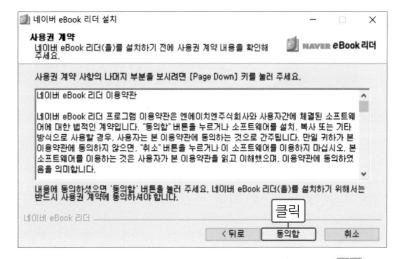

잠깐! 보안 프로그램이 설치되는 동안에는 일부 프로그램이 사용할 수 없습니다. 설치를 안정적으로 하려면 모
든 프로그램을 종료한 후 설치하는 것이 좋습니다.

06 설치가 완료되면 설치 완료 창
에 **[마침] 버튼을 클릭**합니다.

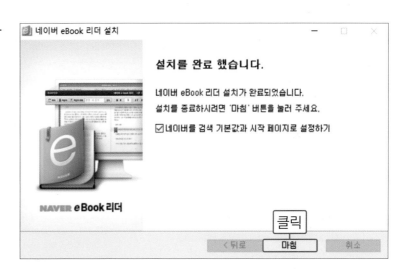

07 다시 무료로 보려고 했던 책의 웹 페이지로 돌아온 후 **[보기] 버튼을 클릭**하면 컴퓨터에 'NAVER Books' 프로그램을 허용해 달라는 창이 표시됩니다. **[허용] 버튼을 클릭**합니다.

08 네이버 eBook 리더 프로그램이 실행되고 프로그램을 통해 종이책과 같은 e북을 읽을 수 있습니다.

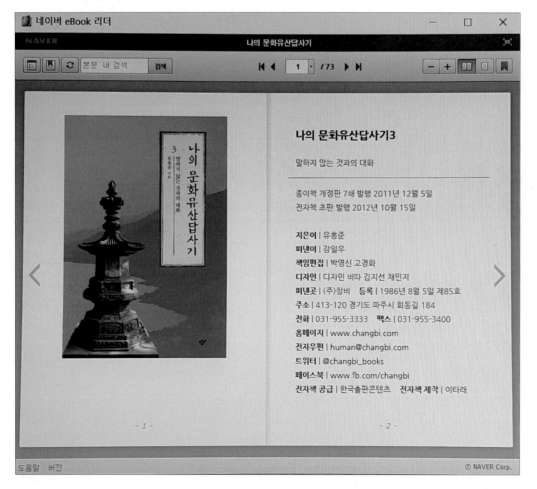

01 네이버 책에서 상단의 [오디오북]을 클릭합니다.

02 오디오북의 홈 페이지 상단의 검색란에 읽고 싶은 책 제목 **'동백꽃'을 입력**하고 Enter 키를 누릅니다.

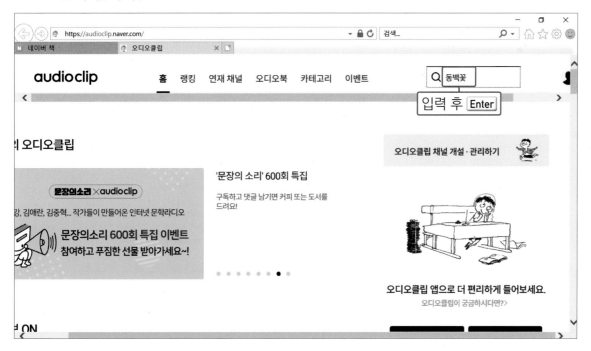

03 동백꽃과 관련된 클립, 채널, 시리즈, 오디오북까지 검색됩니다. 검색 목록 상단에서 **[오디오북]**을 **클릭**합니다.

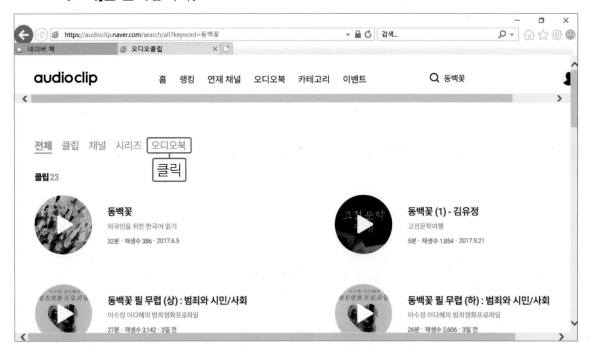

04 검색된 오디오북 중 무료로 서비스하는 **책을 클릭**합니다.

05 클릭한 책을 처음부터 듣기 위해서 **[처음부터 듣기]** 버튼을 클릭합니다.

06 아래쪽에 재생 플레이어가 나타나면서 책을 읽어주기를 시작합니다. 재생 목록을 보기 위해 ⊟를 클릭합니다.

07 현재 재생되는 오디오북은 4챕터로 되어 있고, 각 챕터가 몇 분으로 되어 있는지 알 수 있으며, 한 챕터가 끝나면 다음 챕터가 자동 재생됩니다.

08 마지막 챕터까지 재생되면 ⟲반복해제 **버튼을 클릭**하여 ⟳전체반복 으로 활성화되면 반복해서 다시 들을 수 있습니다.

1 네이버 e북 중 '어린 왕자'를 검색하여 무료로 구매하여 읽어봅니다.

2 네이버 오디오북에서 무료로 서비스하는 소설 '봄봄'을 찾아서 챕터 4만 반복해서 들어봅니다.

내 컴퓨터로 정보는 쏙!

학습 포인트

- 이미지 검색
- 이미지 저장
- 웹페이지 복사하기
- 웹페이지 인쇄 미리 보기
- 웹페이지 인쇄
- 웹페이지 선택 영역 인쇄
- 웹페이지를 PDF로 저장

인터넷에서 사진이나 문서, 동영상등, 나에게 필요한 정보를 검색할 수 있습니다. 이렇게 찾은 정보를 저장하거나 종이로 인쇄, 혹은 PDF 문서파일로 저장하는 방법에 대해서 알 아보겠습니다.

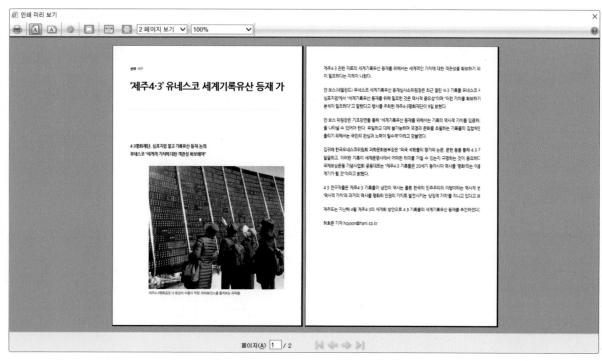

라이선스에 따라 이미지 사용하기

Step 01 이미지의 자유 이용 라이선스

CCL(Creative Commons License)이란 '자신의 창작물에 대한 일정한 조건 하에 자유 이용을 허락하는 내용'의 자율적 라이선스 입니다. 이미지 검색에서 'CCL' 옵션을 선택한 후 하위 개별 메뉴를 선택하면 창작자가 지정한 CCL 별로 이미지를 검색할 수 있습니다.

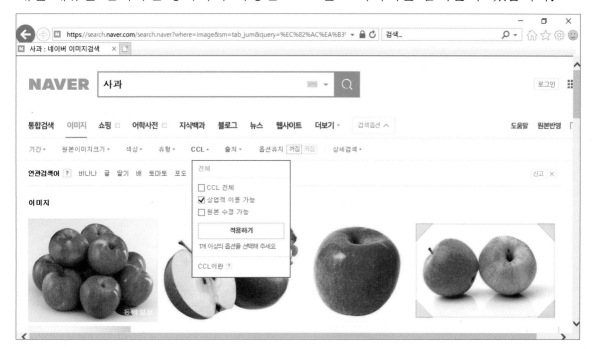

① CCL 전체 : 이용을 허락하지 않은 이미지까지 포함하여 모든 이미지를 검색합니다.

② 상업적 이용 가능 : 상업적 이용이 가능한 이미지만 검색합니다.

③ 원본 수정 가능 : 원본 이미지를 수정해서 사용할 수 있는 이미지만 검색합니다.

Step 02 이용 허락 조건

해당 표시가 있는 저작물을 허락을 구하지 않고 사용하면 법적인 책임을 받을 수 있으며, 사용하고 싶다면 원작자의 허락을 구해야 합니다.

① (저작자 표시)	저작자의 이름, 출처 등 저작자를 반드시 표시해야 합니다.
⑤ (비영리)	해당 저작물을 영리 목적으로 이용할 수 없습니다.
㊀ (변경 금지)	저작물을 변경하거나, 저작물을 이용한 2차 저작물 제작을 금지합니다.
◎ (동일 조건 변경 허락)	2차 저작물 제작을 허용하지만, 2차 저작물에 원 저작물과 동일한 라이선스를 적용해야 합니다.

Step 01 사진 찾아서 내 컴퓨터로 가져오기

01 네이버 사이트에 접속한 후, 검색란에 **'사과'를 입력**한 후 를 클릭합니다. 사과 이미지만 보기 위해 상단 카테고리에서 **[이미지]**를 클릭합니다.

02 검색된 사과 이미지 목록이 나타납니다. **[CCL]**을 클릭한 후 **'상업적 이용 가능'**에 체크한 후 **[적용하기]** 버튼을 클릭합니다.

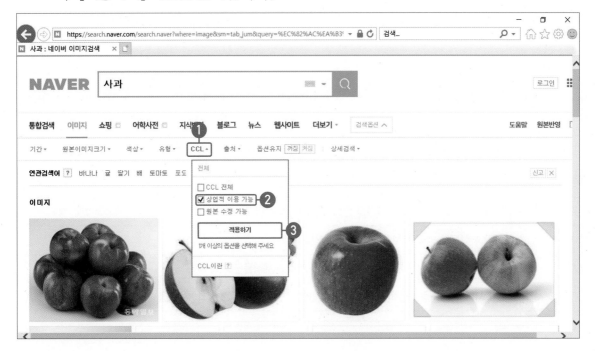

03 이미지 중 상업적 이용이 가능한 이미지만 검색됩니다. **이미지를 선택**합니다.

04 이미지 아래에는 검색된 이미지와 유사한 연관 이미지들 볼 수 있습니다. 원본 이미지를 보기 위해서는 ▣를 **클릭**합니다.

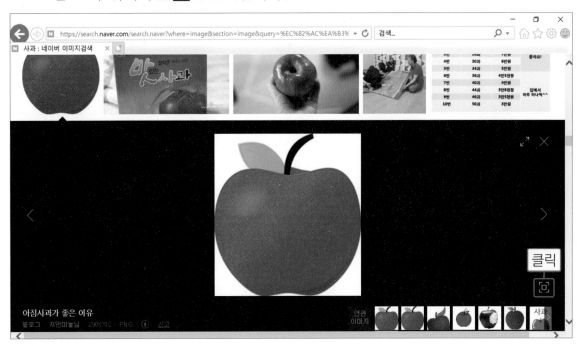

05 원본 이미지를 내 컴퓨터로 가져오기 위해 이미지 위에서 **마우스 오른쪽 버튼을 클릭**하여 **[다른 이름으로 사진 저장]을 클릭**합니다. [사진 저장] 대화상자가 나타나면 **저장 위치를 설정**한 후 파일 이름에 '**사과'를 입력**하고 **[저장] 버튼을 클릭**합니다.

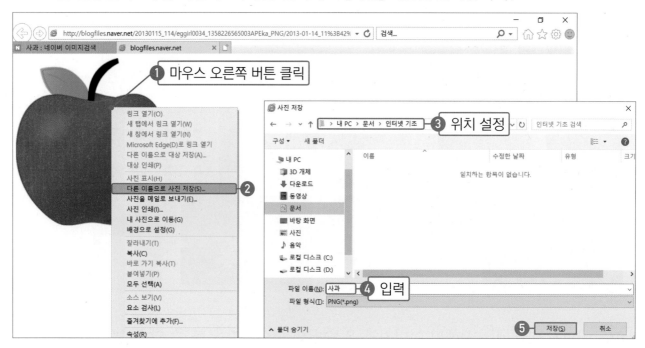

06 이미지를 저장한 폴더를 열어보면 해당 이미지가 '사과.png'로 저장되어 있습니다.

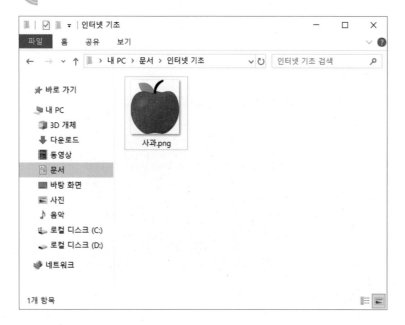

01 네이버 사이트의 검색란에 '**유네스코와 유산**'을 **입력**한 후 🔍 버튼을 클릭합니다. 세계유
산에 대한 정보를 얻을 수 있는 웹사이트 중 '**유네스코와 유산**'을 클릭합니다.

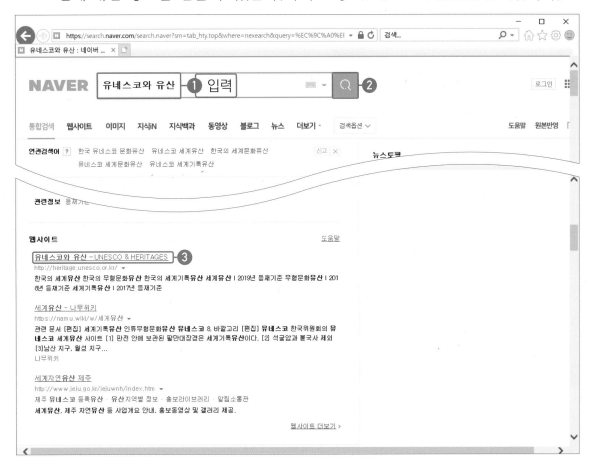

02 메뉴 중 [**유산목록**]-[**세계유산**]을 클릭합니다.

03 검색란에 **'타지마할'을 입력**한 후, 검색결과 중 **'타지마할'을 클릭**합니다.

04 타지마할에 관한 정보를 담은 웹페이지가 열립니다. 페이지 하단의 **본문 내용을 드래그하여 선택**한 후 **마우스 오른쪽 버튼을 클릭**한 후, **[복사]**를 클릭합니다.

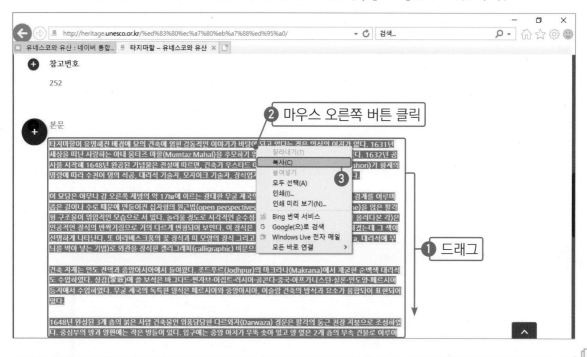

블로그나 카페에서 제공하고 있는 저작권을 확인해야 하며, 함부로 사용할 시 법적인 처벌을 받을 수도 있습니다.

05 [시작(■)]버튼을 클릭한 후 '워드패드'라고 입력합니다. 워드패드 앱이 검색되면 [열기]를 클릭합니다.

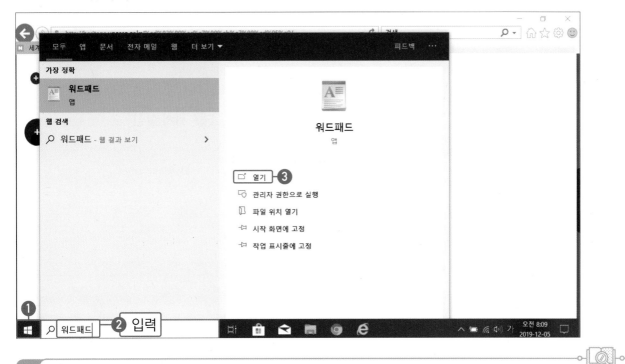

워드패드(WordPad)는 마이크로소프트의 윈도우10에서 기본으로 제공하는 간단한 워드프로세서 프로그램 입니다.

06 워드패드가 열리면 **마우스 오른쪽 버튼을 클릭**한 후, **[붙여넣기]를 클릭**합니다. 웹페이지 에서 복사해 온 타지마할에 대한 정보가 붙여넣기 됩니다.

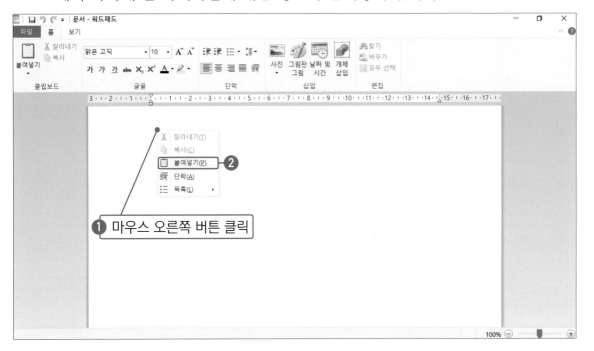

07 [저장(█)] 버튼을 클릭합니다. [다른 이름으로 저장] 대화상자가 나타나면 **저장 위치를 설정**한 후 파일 이름에 **'타지마할'을 입력**하고 [**저장**] 버튼을 클릭합니다.

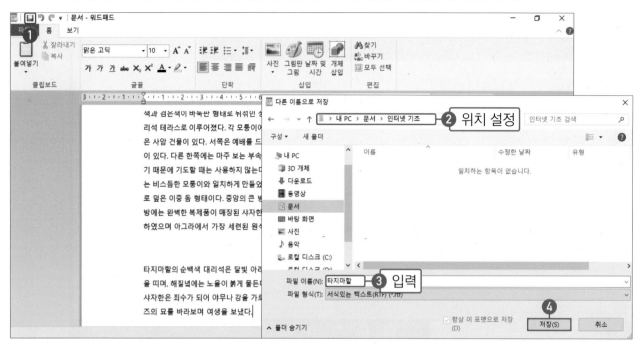

08 문서를 저장한 폴더를 열어보면 '타지마할.rtf'가 저장되어 있습니다.

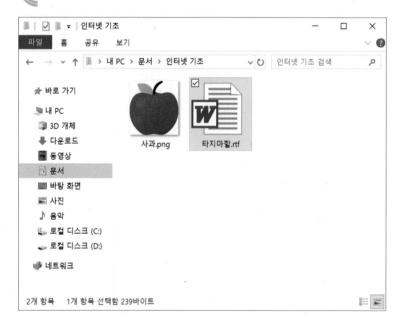

09 '유네스코와 유산' 탭의 ☒를 클릭하여 탭을 닫습니다.

01 유네스코와 관련된 뉴스 기사를 스크랩하기 위해 '유네스코와 유산'을 검색한 상태로 **[뉴스]를 클릭**합니다. 관심 있는 **기사를 클릭**합니다.

02 기사를 읽어본 후 기사를 스크랩하기 위해 뉴스기사의 제목 아래의 🖶를 **클릭**합니다. 광고가 전부 사라진 깔끔한 새 창이 나타납니다.

03 인쇄 전 화면을 보기 위해 **마우스 오른쪽 버튼을 클릭**한 후, **[인쇄 미리 보기]를 클릭**합니다.

04 [인쇄 미리 보기] 창이 나타납니다. 페이지를 보면 전체 페이지 중 1페이지라는 것을 알 수 있습니다. 하단의 ➡(**다음 페이지)를 클릭**하여 다음 페이지를 확인합니다.

[인쇄 미리 보기]의 페이지 이동하기

- ➡ : 다음 페이지로 이동합니다.
- ⬅ : 이전 페이지로 이동합니다.
- ▶| : 마지막 페이지로 이동합니다.
- |◀ : 첫 번째 페이지로 이동합니다.

05 기사의 길이가 짧으니 2페이지의 공간이 많이 남습니다. 페이지에 꽉 차게 조절하기 위해 **[페이지에 맞게 축소]**를 클릭하여 **[100%]**를 선택합니다.

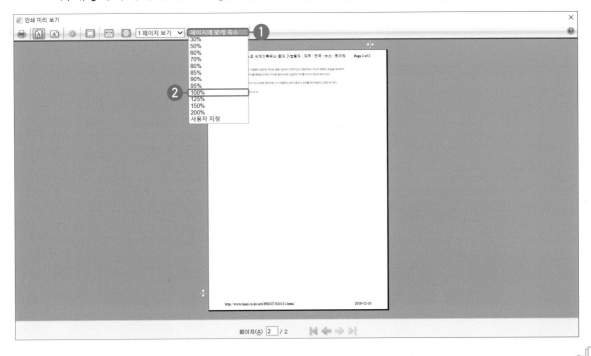

인쇄 크기 변경

인쇄 크기는 글자의 크기, 기사의 길이 등 필요에 따라 알맞게 조절합니다.

06 전체 페이지를 한눈에 확인하기 위해 **[1 페이지 보기]**를 클릭하여 **[2 페이지 보기]**를 선택합니다.

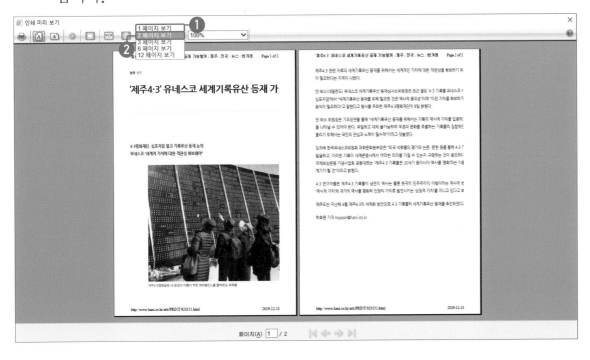

07 기사의 머리에는 기사 제목과 페이지 번호, 언론사, 지역이 적혀있고, 바닥에는 페이지 주소와 날짜가 써져 있습니다. 이를 삭제하기 위해 상단 도구 모음에서 ▤(**머리글 및 바닥글 사용/사용 안 함**)을 클릭합니다. 인쇄하기 위해 ▤(**문서 인쇄**)를 클릭합니다.

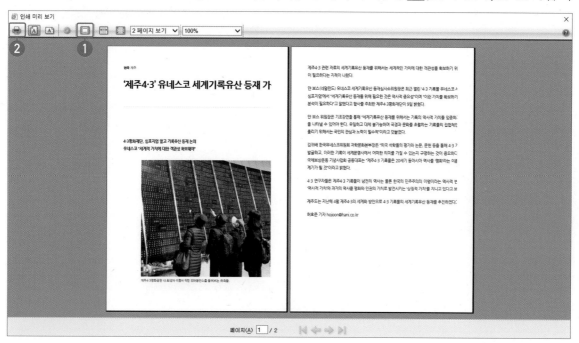

08 [인쇄] 대화상자가 나타나면 **사용가능한 프린터를 선택**한 후, [일반] 탭의 [페이지 범위] 가 '모두'인지 확인합니다. 이후 **[인쇄] 버튼을 클릭**합니다.

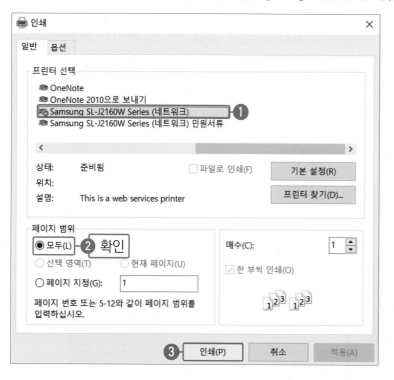

페이지 지정해 인쇄하기

인쇄할 때 특정 페이지만 인쇄하려면 '페이지 지정'에서 페이지 번호 다음에 쉼표로 페이지 번호를 추가하고, 연속해서 페이지를 인쇄하려면 '2-3'처럼 입력하여 범위를 지정합니다.

09 인쇄를 마쳤으면 ☒ **버튼을 클릭**하여 새 창을 닫습니다.

01 스크랩할 기사의 문장 부분만 인쇄를 하고 싶다면, **기사부분만 드래그하여 선택**한 후 오른쪽 상단의 🔅를 **클릭**한 후 **[인쇄]–[인쇄]를 클릭**합니다.

02 [인쇄] 대화상자에서 [일반] 탭의 페이지 범위에서 **'선택 영역'을 클릭**한 후 **[인쇄] 버튼을 클릭**합니다. 웹페이지에서 선택한 영역만 인쇄됩니다.

웹페이지에서 사진만 인쇄하기

인쇄할 사진 위에서 마우스 오른쪽 버튼을 누른 후 [사진 인쇄]를 클릭합니다. [인쇄] 대화상자에서 [인쇄] 버튼을 클릭하여 사진만 인쇄합니다.

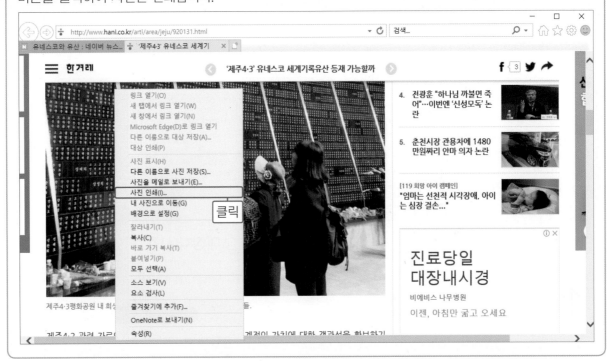

Step 05 선택 영역 PDF 문서로 저장하기

01 웹페이지에서 PDF 문서로 저장할 부분을 **드래그하여 선택**한 후 오른쪽 상단의 를 클릭한 후 **[인쇄]-[인쇄]**를 클릭합니다.

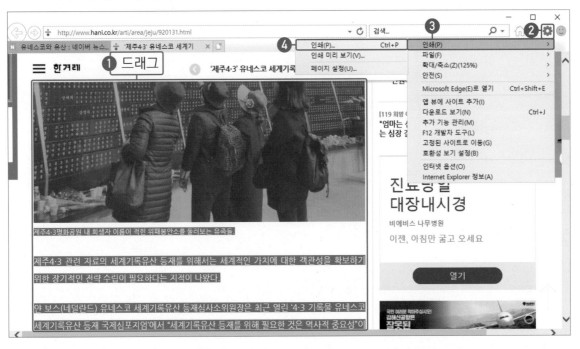

02 [인쇄] 대화상자에서 [일반] 탭의 [프린 트 선택]에서 'Microsoft Print to PDF'를 **선택**하고, 페이지 범위에서 **'선택 영역'** 을 선택한 후 [인쇄] 버튼을 클릭합니다.

03 [다른 이름으로 프린터 출력 저장] 대 화상자가 나타나면 **저장 위치를 설정**하 고, 파일 이름을 **'유네스코'라고 입력**한 후 [저장] 버튼을 클릭합니다.

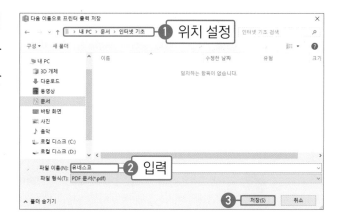

04 내 컴퓨터에서 파일을 저장한 폴더를 열면 '유네스코.pdf'로 저장된 것을 확 인할 수 있습니다.

1 구글 이미지에서 다음처럼 이미지를 검색한 후 '토끼'라는 파일 이름으로 내 컴퓨터에 저장해 봅니다.

> • 사용 권한 : 재사용 가능 • 유형 : 클립아트

> **미리보기** 구글 이미지에 접속하여 '토끼'로 검색한 후 오른쪽 상단의 [도구]를 클릭합니다. '사용권한'은 '재사용 가능'으로, '유형'은 '클립아트'로 설정하여 이미지를 검색해 봅니다.

2 창덕궁(www.cdg.go.kr)에 접속하여 '인정전' 내용을 복사하여 워드패드에 붙여 넣기 해 봅니다.

3 네이버에서 '국민연금'을 검색한 후 지식백과의 내용을 제목을 '국민연금'으로 PDF 문서로 저장해 봅니다.

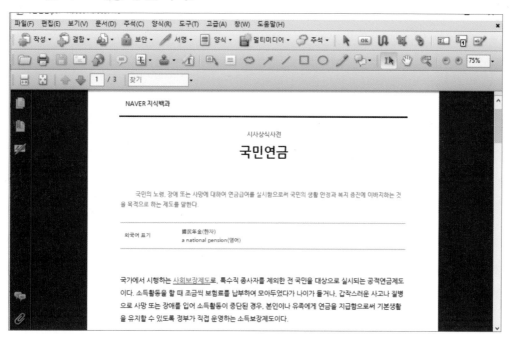

4 독립기념관(www.i815.or.kr)에 접속한 후 '이달의 독립운동가' 페이지를 인쇄해 봅니다.

MEMO

좋은 책을 만드는 길
독자님과 함께하겠습니다.

도서에 궁금한 점, 아쉬운 점, 만족스러운 점이
있으시다면 어떤 의견이라도 말씀해 주세요.
시대인은 독자님의 의견을 모아 더 좋은 책으로 보답하겠습니다.

www.edusd.co.kr

인터넷 기초

초 판 발 행	2019년 12월 20일
발 행 인	박영일
책 임 편 집	이해욱
저 자	정동임
편 집 진 행	임채현
표지디자인	김도연
편집디자인	임옥경
발 행 처	시대인
공 급 처	(주)시대고시기획
출 판 등 록	제 10-1521호
주 소	서울시 마포구 큰우물로 75 [도화동 538 성지 B/D] 9F
전 화	1600-3600
팩 스	02-701-8823
홈 페 이 지	www.edusd.co.kr
I S B N	979-11-254-6653-6(13000)
정 가	10,000원